畜牲法官

以及陳師孟的嘴臉

蕭廣政 著

揭露「無人置理的爆料信」以代「自序」

　　敬啟者：我是蕭廣政，司法官班第21期結業，曾擔任高雄、台中地院及台中高分院法官，嗣先後派任金門地院及花蓮地院法官兼院長各二年多，於94年11月1日在花蓮地院辦理退休。退休後96年9月在南投縣名間鄉番子寮段，以妻名義購買了699-5等地號四筆農地，打算闢為有機農場兼營「雙流休閒民宿」。不料有鄉民陳期賢等二人聲稱農場深處一塊3、40坪的袋地（按原係未登錄之國有地，即俗稱之水利地，嗣經陳期賢等於101年申請登錄為國有）上竹筍二叢為渠等種植，向本人索取使用權利金新台幣（下同）50萬元，因我們不從，明知該地為袋地，非通過妻所有的農地無法進出，渠等也完全沒有耕作的事實，竟勾結國有財產署承辦人員，於103年以「現使用人」身分簽訂了耕地租賃契約書承租該國有地，租期自103年9月1日至112年12月31日止，以阻止妻依法向國有財產署承租。

　　陳期賢等因無路通行該承租之國有地，曾向我們提起確認通行權存在的調解，因為我們不同意，竟勾結南投地檢署檢察官，以我們於99年間在自有農路入口設立鐵柵門妨害渠等使用該承租的國有地為理由，對本人提起竊占罪的告訴。經檢察官起訴後，南投地院法官陳鈴香審理時荒腔走板、無法無天，令人嗤之以鼻，本人在答辯狀內及法庭上均揚言對法官提告，審理時除全程保持緘默，並於最後陳述時稱「司法很悲哀」，不知陳鈴香是否祖護陳期賢等，還是惱羞成怒，竟於106年3月判處本人有期徒刑十月。本人上訴後案移台中高分院，承審法官透過與本人熟識的法官陳毓秀傳話，表示本人「根本是犯了藐視法庭罪」，聲請調查的證據根本不予調查，開一次庭後即辯論終結，判處本人有期徒刑四月，得易科罰金確定。

　　本人隨即在「雙流休閒民宿」官網及社群「LINE」指名道姓侮辱承審

法官姚勳昌、許冰芬、王邁揚三人是「披著法袍的禽獸，豬狗不如」，並向監察院陳師孟委員陳情，原以為該委員職司風憲，能洞察民瘼，維護人權，但是日前接獲該委員以私人名義的來函，方知其根本係該等畜牲法官的庇護者，為一丘之貉。當然天無絕人之路，本人也本於專業，於108年3月底及4月初，分別對該等枉法裁判的法官提起公務員侵權行為損害賠償之訴，目前均在審理中，如貴報對此事件有興趣，除採訪相關當事人聽取其辯解外，亦歡迎蒞臨「犯罪地現場」瞭解，本人當知無不言，並提供所有的資料。

爆料人：蕭廣政 敬上

目錄
Contents

一、
勾結罪犯，醜陋司法的序幕展開了

告訴人陳茂盛、陳期賢於偵查中坦承渠等所承租之699-9、699-10地號國有地為袋地，除了經過筆者之妻所有699-5、699-4地號上之農路外，沒有其他路可通行。（見105年1月19日下午南投地檢署檢察事務官陳南瑜所為之訊問筆錄）當天訊問時，筆者也供稱該國有地為袋地，至於鐵柵門則是在99年間設立，並主張陳茂盛等承租該國有地之行為違反民法第148條所定「權利行使之界限」之規定，目的只是阻止筆者夫妻使用或依法承租該國有地，應屬無效。詎檢察官黃天儀明知上情，竟於105年7月7日以105年度偵字第2884號案將筆者以竊占罪提起公訴。

起訴書內容如下：犯罪事實一、蕭廣政明知（引用105年度偵字第2884號起訴書，見附件1）。按檢察官黃天儀係有追訴或處罰犯罪職務之公務員，明知陳茂盛、陳期賢沒有使用或占有該國有地之事實，國有地租賃契約顯係違法無效，筆者在自己之農路入口設立鐵柵門管制人車，係權利之正當行使，毫無成立竊占罪之餘地，竟將筆者以竊占罪提起公訴，核其所為，係犯刑法第125條第1項第3款之濫權追訴處罰罪。

241051038 72謙股

臺灣南投地方法院檢察署檢察官起訴書

105年度偵字第2884號

被　　　告　蕭廣政　男　61歲（民國　年 月 日生）
　　　　　　　住南投縣名間鄉仁和村山腳巷23之7
　　　　　　　號
　　　　　　　國民身份證統一編號：

上列被告因竊佔案件，已經偵查終結，認應該提起公訴，茲將犯罪事實及證據並所犯法條分敘如下：

犯罪事實

一、蕭廣政明知南投縣名間鄉番子寮段第699-9、699-10地號土地（分別下稱A、B地）係財政部國有財產局（現改制為財政部國有財產署）管理之國有土地，且均已出租予陳茂盛、陳期賢（租賃期間於民國103年9月1日起至112年12月31日為止）耕作農作物，亦明知上開土地為袋地，該地使用人陳茂盛、陳期賢須從沿繞同地段699-4、699-5地號土地設置多年之農用道路進出。其為經營民宿之用，竟意圖為自己不法之利益，於99年間某日，在上開農用道路出入口處設置電動鐵門1座，禁止陳茂盛、陳期賢通行。復於104年12月間某日，在A地上挖掘滯洪池1座，在B地上種植路樹6株，以此方式占用上開國有土地，已破壞陳茂盛、陳期賢對上開土地之支配管領，建立自己支配管領而竊佔之。

二、案經告訴人陳茂盛、陳期賢訴請本署偵辦。

證據並所犯法條

一、訊據被告蕭廣政固不否認有於上揭時間，在上開國有土地挖掘滯洪池及種植路樹，並在進出上開國有土地之農用道路出入口設置鐵門之事實，惟否認有何竊佔犯行，辯稱：699、699-3、699-4、699-5地號之土地均係伊於96年間購買，於99年在伊土地上設有鐵門，告訴人2人無法進來，在民法上伊認為告訴人等人已經喪失占用，並無竊佔等語。惟查，上揭犯罪事實，業據告訴人陳茂盛、陳期賢指述明確，且經證

人即財政部國有財產署中區辦事處南投分處股長林永松於本署偵查中證述屬實。復經本署檢察事務官於105年4月1日會同南投地政事務所測量人員、證人林永松及告訴人2人到場履勘,現場要進出上開國有土地之唯一農用道路設有電動鐵門1座,並由被告控制鐵門開關,因被告堅決拒絕本署檢察事務官及相關人等進入測量,故無法進入上開國有土地實地鑑測實際占用面積乙節,有本署履勘筆錄1份、現場照片3張及錄影光碟1片在卷,洵堪佐認。且被告於偵查中亦供承:鐵門設在伊所有之699-5地號土地上,購買該土地時,沿著堤防已有鋪設農路,伊在自己農地上設置鐵門本不需經告訴人2人同意,其於99、100年間在B地上種植路樹,亦明知該地係國有土地,另於104年12月間,在A、B地上挖掘水池,上面都是雜草跟石頭,還有兩欉綠竹筍,當時挖水池時,知道係告訴人所種植,且於96年間買地後就已經鑑界等語,復有上開國有土地之地籍圖謄本、土地登記謄本、國有耕地放租租賃契約書、行政院農業委員會林務局農林航空測量所105年4月19日農測供字第1059100377號、105年5月20日農測供字第1059100500號函文暨所附空照圖、光碟片、南投地政事務所105年5月10日投地二字第1050002782號、105年6月3日投地二字第1050003581號、105年1月25日投地一字第1050000589號函文暨所附同地段699、699-3、699-4、699-5地號土地登記謄本、地籍異動索引各1份及現場照片8張附卷可稽,足徵被告明知上開土地為國有土地,且係袋地,猶仍執意在通行上開國有土地之農用道路出入口設置鐵門,並在上開國有土地上挖掘滯洪池及種植路樹,以此方式佔用,是其所辯,顯屬臨訟卸責之詞,不足採信,被告上開竊佔犯行,堪以認定。

二、至於告訴意旨另認被告蕭廣政在農用道路出入口裝設鐵門而妨害告訴人陳茂盛、陳期賢行使進出上開國有土地耕作之權利,涉犯刑法第304條第1項之強制罪嫌乙節。然按刑法第

304條之強制罪，須以強暴脅迫使人行無義務之事或妨害人行使權利，始克成立，而強暴脅迫之對象，實務上及學者通說，皆以對「人」直接或間接施強暴脅迫為限，對「物」不包括在內，最高法院22年上字第2037號判決意旨可資參照。依告訴人指述情節觀之，被告在通行上開國有土地之唯一農用道路出入口設置鐵門，以此方式，妨礙上開告訴人通行，然未直接或間接對告訴人施以強暴脅迫之手段，核與刑法第304條第1項之構成要件不合，自難遽以強制罪相繩。惟此部分若成立犯罪，與前開提起公訴部分具有想像競合犯之裁判上一罪關係，應為起訴效力所及，爰不另為不起訴處分，併此敘明。

三、核被告所為，係犯刑法第320條第2項之竊佔罪嫌，請依法論科。

四、依刑事訴訟法第251條第1項提起公訴。

此　致

臺灣南投地方法院

中　　華　　民　　國　　105　　年　　7　　月　　7　　日

檢　察　官　黃天儀

本件證明與原本無異

中　　華　　民　　國　　105　　年　　7　　月　　18　　日

書　記　官　夏效賢

附錄法條：

中華民國刑法第320條第2項

意圖為自己或第三人不法之利益，而竊佔他人之不動產者，依前項之規定處斷。

二、
法官成了東廠之廠衛，製造冤案，殘害善良

　　按東廠，其全名為東緝事廠，廠衛之一。東廠入內即擺設大幅岳飛畫像，提醒東廠人員辦案毋枉毋縱。東廠為中國明朝時期由宦官執掌的特權監察、情治機構，偵查異見人士，以鎮壓反對力量。史書記載，東廠對官吏，士大夫甚至一般庶民製造了大量冤案，在當時頗受士人反感。執行公務時，與錦衣衛相同，持有「駕帖」（相當於我國檢察官、檢察事務官、法官等的識別證）以證明自己代皇帝行事，並且由刑科給事中的「僉簽」。廠衛的主要偵查以反叛亂、捉拿異議分子為主，與其他兩廠（西廠、內行廠）一衛（錦衣衛）合稱「廠衛」，是明朝「特務治國」的象徵。

　　筆者雖遭濫行起訴，然絲毫不敢怠慢，於該竊占案先分105年度審易字第376號案時，即於105年9月19日親書刑事答辯狀，長達約3000字詳列7點理由，陳述筆者不構成所謂竊占罪，並表示日後將對承辦檢察官提起濫行追訴罪之告訴。茲將答辯狀詳載如下：一、刑法上竊占罪之竊占行為，係指……。（以下引用105年度審易字第376號之答辯狀）（見附件2）嗣該案分由法官陳鈴香審理，案號為105年易字第228號。

刑事答辯 105易228 狀

案　　　號	105年度 審易字第 376 號	承辦股別	橫
訴訟標的 金額或價額	新台幣		元
稱　　　謂	姓名或名稱	依序填寫：國民身分證號碼或營利事業統一編號、性別、出生年月日、職業、住居所、就業處所、公務所、事務所或營業所、郵遞區號、電話、傳真、電子郵件位址、指定送達代收人及其送達處所。	
被 告	蕭廣政	（詳卷）	

100.4.5.000

為被訴竊佔乙案，被告答辯如下：

一、刑法上竊佔罪之竊佔行為，係指意圖不法利益，乘人不知，擅自佔據他人之不動產，歸於自己或第三人支配之下，而侵害他人之支配權而言。

二、查系爭名間鄉書子寮段等699-9、699-10地號土地（以下簡稱A.B地），位於被告之妻林美雲所有同段699-5、699-3、699-4、699等四地號北側最低窪處（上開699-5地號等土地為階梯狀之三層梯田地形，由南至北逐漸降低高度），依98年12月核發之地籍圖謄本（見證一），當時並未編列有A.B地號，可見A.B地號係告訴人於103年9月向國有財產局承租後始編定。該二地號土地原係溪流，經整治後，在堤防外俗稱之水利地，核先敘明。被告根本不知A.B地為國有財產署所有，並出租與告訴人等之事實（被告僅知渠等曾占用），

11

公訴人所指非事實。

三、被告夫妻於96年購得699-5等四地号土地後，因見A地（臨西边菁子寮溪支流）臨溪並未如其他菁寮岸边與建有完整之堤防，次鞏固岸边水土，使得下雨時由高處流下之雨水免受冲刷699、699-4地号及A、B地号之土地，再流入菁子寮溪支流，尤以強降雨時為甚，嚴重影响水土保持。且A、B地西边因未築有堤防護岸，地面高度與溪床相差毛幾，春夏時各种毒蛇容易自溪床侵入被告夫妻所有之上開699-5等地号土地，嚴重影响住家人身安全。被告乃於99年間僱包商沿著A、B地南側與建鋼筋水泥之駁崁（長28.9公尺、宽0.15公尺、高1.5公尺），防止土石流入A、B地（見證二），同時沿著A地臨溪處與建堤防（而為鋼筋水泥構造，長27公尺、寬0.3公尺、高1.5公尺），並為鞏固堤防，沿著堤防填

0008946

畜牲法官以及陳師孟的嘴臉 ——— 12

荒蕪落實，然後在上面種植一排喬木及灌木，並在地表种植地錦草，做好水土保持工作（見證三）。該A、B地因此形成窪地，雨勢大時有滯洪之作用，不但A、B地之土壤不會流失，且因日久雨水累積在滯洪池內，有將池水補注地下土壤之效果，防止地層下陷（見證物四）。水是生命之起源，水侍兼有調節氣候之功用，如今可見白腹秧雞、紅冠水雞等野鳥在該滯洪池內覓食、棲息，各种蛙類鳴叫聲此起彼落，蜻蜓、螢之昆虫逐漸增多，內心頗為欣慰。被告前從事審判工作二十餘年，退休前四年餘，尚且担任金門及花蓮地方法院院長，自知A、B地為水利地（英、美等國通稱為Government Land），毋論在地籍上歸屬何政府單位管理，本質上均屬國有地，自不得將之歸於自己實力支配之下，如興建房屋或種植作

物。唯水利地遍布全台，數量眾多，加上國人守法觀念不足，民間普遍將水利地闢為耕地利用，甚至於農地買賣時，常有將毗鄰之水利地使用權（應係占有）一併列為交易標的物之情事，政府礙於人力、經費不足，難予全面收回，乃訂有「各機關經營國有非公用被占用不動產處理原則」等法規以資處理，各機關自应遵守適用。 被告僅在 A、B 地上興建堤防，補足缺口，種植有利水土保持之樹木草皮，且為避免在外觀上有將土地歸於自己實力支配之嫌疑，亦未如告訴人般種植水果、竹筍等有收獲實益之作物，道德上之要求遠高於一般人。 何況，被告為興建上開堤岸、堤防，以及種植樹木、草皮，共花費新台幣三、四十萬元。如被告為法律人，深知該 A、B 地為國有地，被告一旦在其上種植樹木、草皮，

0008848

該樹木等即構成國有土地之一部分，屬國家所有，被告既非所有權人，自無任何支配權利。綜此，被告自行出資，為日益暖化、生態益趨惡化之環境而略盡心力，公訴人完全無視於此，反指被告意圖自己不法之利益，顛倒是非，完全令人不能接受。

四、告訴人等於99年間以前，縱有利用699-5、699-4地號沿溪逕前地主設置農路之事實（見證　　該農路未經縣政府核准，原屬非法，被告發覺後已依法補足許可），惟被告於贈地滿二年後興建農舍，為住居安全起見，於99年間在該農路入口處設置電動鐵門，禁止閒雜人進出，此乃被告權利之正當行使，公訴人竟指為被告竊佔國有地之方法之一，誠不知法律邏輯何在，如此法學素養，令人不敢恭維

。且刑法上竊佔罪之構成要件為意圖不法利益，擅自佔據他人之不動產。本件A、B地為國有，為公訴人所是認，被告纔構成竊佔罪，其被害人應屬財政部國有財產署，告訴人均僅係承租人，並非被害人，公訴人竟指本件竊佔罪之被害人為告訴人，其將刑事上之被害人與民事上之侵權行為被害人混淆，令人匪夷所思。

五、公訴人明知A、B地為袋地，告訴人無從利用，且依民法第964條前段：「占有，因占有人喪失其對於物之事實上管領力而消滅。」自99年間被告設置農路口之電動鐵門，並禁止告訴人等閒雜人進入後，告訴人即喪失對於A、B地之事實上管領力，而無從占有。公訴人竟無視於此基本之民法概念，而認告訴人承租A、B地後仍有管領力，顯然認知有嚴重錯誤。告

0009360

畜牲法官以及陳師孟的嘴臉 ── 16

訴人既乞法使用A、B地，依104年6日10日修訂之「國有非公用不動產出租管理辦法」，告訴人依法不得承租，其竟勾結國有財產局承辦人員簽訂所謂「租約」，在行政法上，該租約為違法乞效。而在民法上，告訴人承租A、B地，顯然係為阻止被告日後依法向國有財產局承租。按民法第148條規定：「權利之行使，不得違反公共利益，或以損害他人為主要目的。」告訴人既乞法使用該地，承租之目的在損害被告日後承租之權利。因此告訴人與國有財產局上間租約，在民法上亦違法而乞效。此矣被告於偵查中已提及，事務宣意認與本案乞關，反要求被告與告訴人為民事上和解，真不知其企圖何在？

六、本件縱使被告如公訴人堅指構成容他

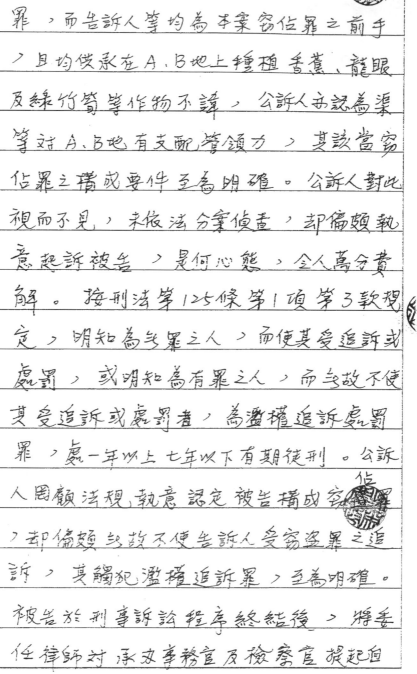

罪，而告訴人等均為本案竊佔罪之前手，且均侦承在A、B地上種植香蕉、龍眼及綠竹筍等作物不諱，公訴人亦認為渠等對A、B地有支配管領力，其該當竊佔罪之構成要件至為明確。公訴人對此視而不見，未依法分案偵查，却偏頗執意起訴被告，是何心態，令人萬分費解。按刑法第125條第1項第3款規定，明知為無罪之人，而使其受追訴或處罰，或明知為有罪之人，而無故不使其受追訴或處罰者，為濫權追訴處罰罪，處一年以上七年以下有期徒刑。公訴人罔顧法規，執意認定被告構成竊佔罪，却偏頗無故不使告訴人受竊盜罪之追訴，其觸犯濫權追訴罪，至為明確。

被告於刑事訴訟程序終結後，將委任律師対承攵事務官及檢察官提起自

0009352

訴，以維法紀。

七、本件被告購買上開699⋯⋯等地號農地後，即二度探詢告訴人買斷渠等使用A、B地之權利，均未獲置理，後來得知要求之金額為50萬元，因過於龐大之力負擔，而未應允。告訴人此後即積極奔走申請調解（確認通行權存在）、土地測量、刑事告訴，以及四處檢舉被告農舍違建等，不一而足。據了解告訴人中其一為退休警察，地方關係良好，此觀渠等能公然搭警車前來A、B地履勘，國有財產局官員於到場時亦不避諱指該農路有部分係水利地，告訴人有通行權云云，等等違背行政中立之情事，證實傳言亦非虛假。被告本寄望司法為社會正義之最後一道防線，如今卻見公訴人似乎以告訴人之代理人自居

，與地方勢力沆瀣一氣，率獸食人。

被告為法律人，縱受此對待，因有充足之法律知識可肆應，雖有困擾，但無憂無懼。惟被告所担心者，殷為一般無法律知識之人，若處在相同境遇，必定不知所措，惶惶不可終日，憂心如焚，自身權益任人宰割。司法何以淪落至此？有關机關豈能僅在口頭上宣示要驅逐劣幣，事實上却任由這些殘害人權之行徑赤裸裸地不斷上演，毫無作為，誠屬可悲可嘆也！　　此致

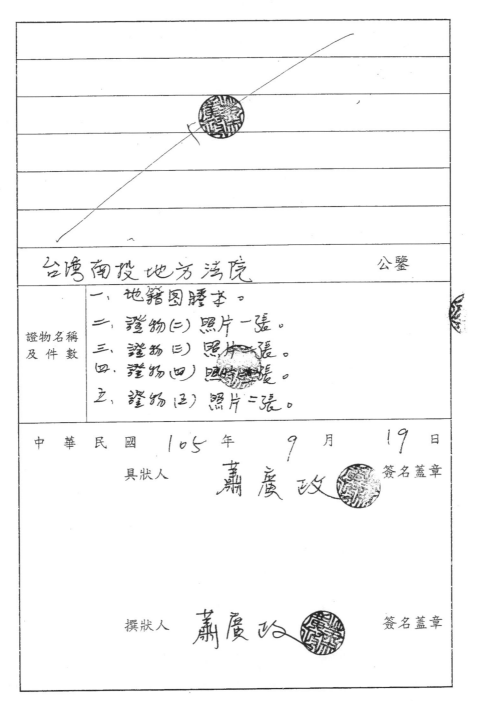

台灣南投地方法院　　　　　　　　　　　　公鑒

證物名稱 及件數	一、地籍圖謄本。 二、證物(二)照片一張。 三、證物(三)照片一張。 四、證物(四)照片一張。 五、證物(五)照片二張。

中　華　民　國　 105 　年　　 9 　月　　 19 　日

具狀人　　　蕭廣政　　　　　簽名蓋章

撰狀人　　　蕭廣政　　　　　簽名蓋章

0002425

詎法官陳鈴香只要稍微閱覽卷宗，應知陳茂盛等人根本無從使用違法承租之農地，並非民法上所稱之占有人，筆者毫無構成竊占罪之餘地。且刑事訴訟法第3條規定：「本法稱當事人者謂檢察官，自訴人及被告。」又同法第214條第1項：「行勘驗時，得命證人、鑑定人到場。」第2項規定：「檢察官實施勘驗時，如有必要，得知通當事人、代理人或辯護人到場。」此皆有嚴謹之規定，實施訴訟程序之公務員自應遵守，以免落人口實，橫生枝節。查本件陳茂盛等僅係699-9地號國有地之承租人，不是自訴人，也非告訴人，更非證人，且筆者早已於答辯狀內敘明陳茂盛等多次擅闖農地四處拍照，胡亂檢舉等惡行，希望勘驗時不要令渠等在場。惟檢察事務官、法官均不遵守上開刑事訴訟法之規定，亦不在乎筆者懷疑其執法之公平性，均執意令陳茂盛等告發人到場。且勘驗，依刑事訴訟法第219條，固準用同法第127條、132條、146條至151條及第153條搜索程序之規定，惟筆者如構成犯罪，其犯罪場所為699-9、699-10地號國有地，該地距離筆者配偶所有農路入口有130公尺遠，法官、事務官到達民宿大門口（即鐵柵門）時，勘驗行為並未開始，筆者自無所謂抗拒勘驗之行為，而有刑事訴訟法第132條所定準用搜索之規定。查本件先是南投地檢署事務官違法帶同告發人陳茂盛等，於105年4月1日上午9時40分，欲非法通過本人配偶農路，進入上開國有地實施所謂「勘驗」，經筆者阻止渠等進入後，即知難而退。其後一審法官陳鈴香於106年1月23日上午9時30分，違法帶同告發人陳茂盛等二人，檢察官劉景仁以及大批南投縣警察局警員、南投地政事務所測量人員、南投縣政府動保處人員（即捕犬隊）、國有財產署南投辦事處股長、鎖匠等共約20人，欲通過筆者配偶所有農路進行勘驗，經告以該農路為私人土地，如未經許可擅自闖入，係構成刑法第306條之無故侵入住居罪。惟陳鈴香仍不聽制止，竟命鎖匠強行打開大門後，入內進行所謂「勘驗」。法官陳鈴香是以勘驗為藉口，行強制搜索筆者及配偶住所，其違法犯行至為明確。此部分陳鈴香、劉景仁係犯刑法第306條之無故侵入住宅罪，並應依刑法第134條加重其刑至二分之一。茲附上數張法

官陳鈴香所謂「勘驗」時的照片。

　　其後果如其然，陳鈴香將筆者判處有期徒刑十月。茲將該105年度易字第228號判決書公開如下，奇文共賞，讓國人瞭解社會正義的最後一道防線是什麼光景。（以下記載105年度易字第228號判決）（見附件3）

臺灣南投地方法院刑事判決

公　訴　人　臺灣南投地方法院檢察署檢察官
被　　　告　蕭廣政　男　62歲（民國　年 月 日生）
　　　　　　身分證統一編號：　　　、　　號
　　　　　　住南投縣名間鄉仁和村山腳巷23之7號
上列被告因竊佔案件，經檢察官提起公訴（105年度偵字第2884號）
，本院判決如下：

主　　文

蕭廣政意圖為自己及第三人不法之利益，而竊佔他人之不動產，
處有期徒刑拾月。

事　　實

一、蕭廣政及其配偶於民國96年9 月14日以其配偶名義購得坐落
　　南投縣名間鄉番子寮段699 、699-3 、699-4 、699-5 地號
　　等4 筆土地（以下分別稱699 、699-3 、699-4 、699-5 地
　　號土地）後，在其上經營雙流休閒民宿及作為住家使用，明
　　知分別與699 、699-4 地號2 筆土地相毗鄰之坐落南投縣名
　　間鄉番子寮段699-9 、699-10地號土地（下分別稱699-9 、
　　699-10地號土地）係中華民國所有，由財政部國有財產局（
　　現改制為財政部國有財產署，下稱國有財產署）管理之土地
　　，並由陳茂盛、陳期賢占有使用，其等對於699-9 、699-10
　　地號土地有事實上管領力，亦明知699-9 、699-10地號土地
　　為袋地，該地所有人即國有財產署管理人員及有事實上管領
　　力之陳茂盛、陳期賢須通行坐落同地段699-4、699-5地號及
　　相毗鄰未登錄國有土地上設置多年之農用道路（下稱系爭農
　　路）進出。竟因認699-9 、699-10地號土地鄰溪之河堤設置
　　過低，雨水沖刷導致699 、699-4地號2筆土地土石流失，及
　　春夏季節毒蛇易沿溪流河床侵入其等經營居住之雙流休閒民
　　宿，即意圖為自己及其配偶不法之利益，基於竊佔之犯意，
　　於99年僱工分別在原設置於699-9、699-10地號土地鄰溪之
　　河堤上方施作鋼筋水泥駁坎，將原1公尺30公分、1公尺65公
　　分之河堤分別加高至2公尺80公分、3 公尺高（即分別加高1

公尺50公分、1公尺35公分），並在坐落699-5地號及相毗鄰未登錄國有土地上設置電動鐵捲柵門，禁止699-9 、699-10地號土地所有人及有事實上管領力者進入。繼於99 、100年間在坐落699-9、699-10地號土地栽種10棵喬木、沿著該2筆土地河堤栽種成排灌木、並在其上栽種地毯草，將699-9 、699-10地號土地作為其與配偶所經營之雙流休閒民宿之一部分，以此方式分別破壞國有財產署、陳茂盛、陳期賢對699-9 、699-10地號土地之管領支配，建立自己管領支配，而竊佔699-9 地號土地面積523平方公尺、699-10 地號土地面積127平方公尺。嗣陳茂盛、陳期賢向國有財產署承租坐落699-9地號土地（租賃期間於103年9月1日起至112年12月31日為止）耕作農作物，蕭廣政於上揭竊佔狀態繼續中，於104 年12月間僱工在坐落699-9地號土地挖掘滯洪池（面積301平方公尺）。

二、案經陳茂盛、陳期賢訴請臺灣南投地方法院檢察署檢察官偵查起訴。

理　由

一、程序部分：

　㈠本件告訴是否合法之認定：被告蕭廣政辯稱699- 9、699-10地號土地係袋地，依民法第964 條規定：「占有，因占有人喪失其對於物之事實上管領力而消滅。」，被告自99年起設置農路口之電動鐵捲柵門，並禁止告訴人陳茂盛、陳期賢2人進入後，告訴人2人即喪失對699-9、699-10地號土地事實上管領力而無從占有，依104年6月10日修訂之「國有非公用不動產出租管理辦法」、105年8月16日修正公布之「各機關經管國有公用被占用不動產處理原則」，告訴人2 人依法不得承租，其等竟勾結國有財產署官員簽訂所謂租約，在行政法上該租約違法無效。而在民法上，告訴人2人承租699-9、699-10地號土地，顯然係為阻止被告日後依法向國有財產署承租，按民法第148 條規定「權利之行使，不得違反公共利益，或以損害他人為主要目的。」，告訴人2 人既無法使用

699-9 、699-10地號土地，承租目的在損害被告日後承租之權利，因此該租約在民法上亦違法而無效云云（見本院卷第33頁至34頁）。經查：

1. 法院所應調查之待證事項，依其內容，有實體爭點及程序爭點之分；而其證明方法，亦有嚴格證明及自由證明之別。其中對訴訟法事實（如證據是否具有證據能力、告訴是否合法）之證明，因非屬犯罪構成要件之事實，以經自由證明為已足；所謂自由證明，係指使用之證據，其證據能力或證據調查程序不受嚴格限制，所為之認定，有卷存證據可資憑認，即屬適法。是本件告訴是否合法事實之認定，其證據能力不受嚴格限制，即所使用之證據不以具有證據能力者為限，合先敘明。

2. 按刑事訴訟法第232 條規定，犯罪之被害人得為告訴，所謂被害人，指因犯罪行為直接受害之人而言（最高法院20年上字第55號判例參照）。是該條所稱之被害人，指因犯罪行為其權益受直接之侵害者而言，不包括因此項犯罪而間接或附帶受害之人在內。然其權益之受害，究係直接受害，抑間接或附帶受害，則應依告訴意旨所指訴之事實，從形式上觀察其權益能否直接受有損害之虞，為判別之準據（最高法院84年度台上字第3060號判決意旨參照）。又按刑法第320 條第2 項「竊佔他人之不動產」之竊佔二字，指在他人不知之間占有他人之不動產而言。他人二字包括所有人、占有人在內（最高法院24年度總會決議參照）。復按刑法上侵害財產法益之犯罪，重在持有關係，其行為客體並不以他人所有之物為限。凡事實上對物取得管領支配之人，不論其有無合法之權源，為維持現存社會秩序，其持有仍受刑法之保護，得為財產犯罪之行為客體，若因他人之犯罪行為，致其對物之管領支配受有侵害，自不失為該犯罪之直接被害人，依法得為告訴（最高法院88年度台非字第372 號判決意旨參照）。再按刑法上之持有，係指對物之現實占有者而言。不問其為合法或非法之占有，為維持其事實上之占有關係，藉以維護社

會秩序，除原所有權人於其所有權被侵害時得依法即時排除侵害外，不容任何人未經法定程序任意變更現實占有之狀態。如有對於他人現實占有之物（含動產、『不動產』）予以不法侵害時，仍難解免難其刑責（例如竊取、強劫或搶奪竊盜犯所持有之贓物時，仍應認其侵害竊盜犯之事實管領權而分別成立竊盜、強劫或搶奪等罪名是），有最高法院84年度台非字第109 號判決意旨可資參照。而竊佔罪屬刑法上侵害財產法益之犯罪，係保護對於不動產事實上管領支配力不受他人侵害，故該不動產之所有權人固為直接被害人，而對於該不動產有事實上管領支配力之人，無論取得事實上管領支配有無合法權源，倘因他人（除原所有權人外）未經法定程序任意變更現實占有之狀態致其管領支配力受有侵害者，亦屬犯罪之直接被害人，自得為告訴，此與此被害人是否成立竊佔罪係屬二事（其理同搶奪竊盜犯所持有之贓物時，仍應認其侵害竊盜犯之事實管領權而成立搶奪罪名，與竊盜犯是否成立竊盜罪無涉）。

3. 查699-9、699-10地號土地係中華民國所有，由國有財產署管理，告訴人2人於103年8月4日向國有財產署南投分署申請承租699-9地號土地，該分署認告訴人2人申請承租時已經實際使用該國有地，依國有耕地放租作業注意事項第32點第2 項之規定，起租日期為受理申租案件之次月1日，故699-9、699-10地號土地租賃契約租賃期間自103年9月1日起至112年12月31日止，租賃契約簽訂日則係104年11月4日等情，業據國有財產署南投分署第二股股長林永松於本院審理時供述明確（見本院卷第121頁至122頁），並有國有耕地放租租賃契約書一份在卷可稽（見本院卷第130頁至131頁），是可認告訴人2人於租賃期間內即自103年9月1日起對699-9 地號土地有占有、管理、使用及收益之正當權源，惟在租賃期間之前尚無證據可認告訴人2人對699-9地號土地有占有、管理、使用及收益之正當權源。然告訴人2人指訴稱：699-9、699-10地號土地係於47年87水災後所形成的河川浮覆地，自47年

起其等父姪輩即開始耕種作物，直至去世後交由告訴人2 人一起耕作，因該等土地原為未登錄之土地，告訴人2 人為了合法使用該等土地，已於100年6月23日到國有財產署申請登錄土地，並於103年9月1日取得承租權利，且告訴人2人並已依法補繳 96年6月至103年8月之租金（性質應係相當於租金之不當得利）等語（見他卷第 5頁、第34頁、第70頁）；經核與證人林永松證述稱：告訴人2人所繳96年6月至103年8月的使用補償金是不當得利並非租金，699-9地號土地自103年9月1日才租給告訴人2 人作耕地使用等語（見他卷第71頁），及告訴人2 人所提出之國有土地使用補償金繳納通知書、國有財產局自行收納款項收據、繳款人收執單據（見他卷第21頁至30頁；本院卷第19頁至25頁）相符；而被告亦自承：「問：（有無挖水池種路樹？）……在民法上我認為對方已經喪失占用，因為他們沒辦法進來，因為我設鐵門在我的土地上。」等語（見他卷第35頁）、「問：（告訴人說的毀損龍眼、綠竹筍、香蕉是你破壞嗎？如何毀損？）我有交代怪手要小心不要挖到龍眼樹，結果他不小心挖到，那是99年的事，99年我做提防水土保持，後來699-9 、699-10變成低窪地，下雨慢慢積水綠竹筍跟香蕉都是淹水死掉的，不是我刻意破壞的。」、「問：（你挖掘水池之前，該土地原先狀態？）水池是位在699-9 、699-10地號上，上面都是雜草跟石頭，還有兩叢綠竹筍。我當時挖水池時就知道是告訴人種的。」、「問：（有何意見補充？）我認為告訴人2 人也有竊佔嫌疑，請檢察官一併偵辦。」等語（見他卷第70頁至72頁），從而，在告訴人2人向國有財產署承租699-9地號土地前，尚無證據可認告訴人2人對699-9地號土地有占有、管理、使用及收益之正當權源；惟告訴人2 人至遲早在被告設置電動鐵捲柵門前之96年6月間告訴人2 人即已占有699-9 、699-10 地號土地做為耕地使用，種植龍眼樹、綠竹筍、香蕉等作物等事實應堪認定。故告訴人2人對於699-9、699-10地號土地雖無所有權，但自 103年9月1日起既係該土地之承租人

，在此之前已占有該土地，及至遲早在被告設置電動鐵捲柵門前之 96年6月間即已占有699-10地號土地，對於699-9 、699-10地號土地均有事實上管領力，故被告破壞告訴人 2人對該土地原持有支配關係致其等管領支配力受有侵害者，告訴人2 人亦屬犯罪之直接被害人，自得為告訴，其等所為之告訴自屬合法。

4. 至被告辯稱其自99年起設置電動鐵捲柵門，並禁止告訴人2人進入後，告訴人2人即喪失對699-9、699-10地號土地事實上管領力而無從占有云云。惟揆諸民法第964 條規定之立法理由揭示「占有人僅暫時不得行使其事實上之管領力，不得以喪失事實之管領力論，其占有不消滅，如占有人因遺忘，或洪水有不能管領其占有地之事實，仍不能為占有消滅之原因，此本條所由設也」。查告訴人2 人至遲早在被告設置電動鐵捲柵門前即已占有699-9 、699-10地號土地做為耕地使用，嗣因被告設置電動鐵捲柵門致無從進入699-9 、699-10地號土地，致其等暫時無法使用該等土地，此乃其等管領力一時不能實行，難謂喪失占有，被告此部分主張，顯然無據。

5. 此外，被告辯稱告訴人2 人與國有財產署所簽訂之租賃契約違反「國有非公用不動產出租管理辦法」、「各機關經管國有公用被占用不動產處理原則」而無效云云。然遍閱上揭行政規則，查無國有財產署違法出租與告訴人2 人之規定。另任何人均得依法向國有財產署承租國有土地，國有財產署依法審核出租，被告及告訴人2人均無例外，而告訴人2人至遲早在96年6 月間已占有699-10地號土地做為耕地使用，其等嗣為合法占有使用699-9 、699-10地號土地，遂向國有財產署申請承租，乃權利之正當行使，難認係為損害被告日後承租之權利而為，被告徒憑臆測，認租約無效云云，自無足採。

(二)證據能力部分：

1. 刑事訴訟法第212 條規定：法院或檢察官因調查證據及犯罪

情形，得實施勘驗。同法第213 條規定：勘驗，得為左列處分：⑴履勘犯罪場所或其他與案情有關係之處所。⑹其他必要之處分。同法第219 條規定：第127 條、第132 條、第146 條至第151 條及第153 條之規定，於勘驗準用之。同法第150 條第1 項前段規定：當事人及審判中之辯護人得於搜索或扣押時在場；同條第3 項規定：行搜索或扣押之日、時及處所，應通知前2 項得在場之人。但有急迫情形時，不在此限。同法第42條第1 項規定：勘驗，應制作筆錄，記載實施之年、月、日及時間、處所並其他必要之事項；同條第4 項規定：筆錄應令依本法命其在場之人簽名、蓋章或按指印。同法第43條第1 項前段規定：前2 條筆錄應由在場之書記官製作之。其行訊問或搜索、扣押、勘驗之公務員應在筆錄內簽名。查本件於105 年10月18日行準備程序，檢察官聲請鑑定（應係勘驗之意）被告竊佔的位置、範圍及面積（見本院卷第53頁反面），本院於106 年1 月23日9 時30分依檢察官上揭聲請至699-9 、699-10地號土地實施勘驗，並依刑事訴訟法第219條準用第150條第1項前段、第3項之規定，通知當事人即檢察官、被告等依法得在場之人到場，使其等能在場見聞，並為必要之陳述，俾勘驗過程及結果得以昭公信。嗣因被告拒絕開啟進入699-9 、699-10地號土地之唯一入口之電動鐵捲柵門，本院依刑事訴訟法第213條第6款規定命鎖匠協助啟動電動鐵捲柵門電源，將電動鐵捲柵門開啟至可供通行之寬度後進入實施勘驗，並將勘察、體驗所得結果，依同法第42條、第43條法定程式製作勘驗筆錄，並命其在場之人簽名、蓋章或按指印，惟被告拒絕簽名等情，有本院送達證書（被告，見本院卷第64頁）、勘驗筆錄（見本院卷第71頁）各1 份在卷可佐，是本院實施勘驗並無違背勘驗所應踐行之法定程序，該勘驗所取得之證據自有證據能力，被告任憑己見辯稱該勘驗係本院違法亂紀、違法勘驗，按照毒樹毒果理論，不生效力云云（見本院卷第125頁），顯然無稽。

2.按被告以外之人於審判外之言詞或書面陳述，除法律有規定

者外，不得作為證據，為刑事訴訟法第159條第1項所明定。查本件證人陳茂盛、陳期賢、林永松等人於檢察事務官詢問時所為之言詞陳述，均為被告以外之人於審判外所為之言詞陳述，均屬傳聞證據，被告表示「如法律規定無證據能力者，否認證據能力」（見本院卷第53頁），經核此部分陳述均無法定傳聞法則例外情形，依刑事訴訟法第159條第1項規定，是證人陳茂盛、陳期賢、林永松等人於檢察事務官詢問時所為之陳述認均無證據能力。

3. 按刑事訴訟法第159條之5規定：「被告以外之人於審判外之陳述，雖不符前4條之規定，而經當事人於審判程序同意作為證據，法院審酌該言詞陳述或書面陳述作成時之情況，認為適當者，亦得為證據。當事人、代理人或辯護人於法院調查證據時，知有第159條第1項不得為證據之情形，而未於言詞辯論終結前聲明異議者，視為有前項之同意。」其立法意旨在於傳聞證據未經當事人之反對詰問予以核實，原則上先予排除，惟若當事人已放棄詰問或未聲明異議，基於證據資料愈豐富，愈有助於真實發現之理念，且強化言詞辯論原則，法院自可承認該傳聞證據例外擁有證據能力。又按刑事訴訟法第159條之5立法意旨，在於確認當事人對於傳聞證據有處分權，得放棄反對詰問權，同意或擬制同意傳聞證據可作為證據，屬於證據傳聞性之解除行為，如法院認為適當，不論該傳聞證據是否具備刑事訴訟法第159條之1至第159條之4所定情形，均容許作為證據，不以未具備刑事訴訟法第159條之1至第159條之4所定情形為前提。此揆諸「若當事人於審判程序表明同意該等傳聞證據可作為證據，基於證據資料愈豐富，愈有助於真實發見之理念，此時，法院自可承認該傳聞證據之證據能力」立法意旨，係採擴大適用之立場。蓋不論是否第159條之1至第159條之4所定情形，抑當事人之同意，均係傳聞之例外，俱得為證據，僅因我國尚非採澈底之當事人進行主義，故而附加「適當性」之限制而已，可知其適用並不以「不符前4條之規定」為要件（最高法院104年度

第 3 次刑事庭會議決議參照）。查本判決所引用之證據，檢察官、被告未於言詞辯論終結前聲明異議（見本院卷第 120 頁至129 頁），本院審酌各該證據作成時之情形，亦無違法或不當取證之瑕疵，且均與本案之待證事實有關，認以之作為本件之證據亦無不適當之情形，應認均有證據能力。

4. 按傳聞法則乃對於被告以外之人於審判外之言詞或書面陳述而為之規範。本件判決以下引用之非供述證據，無刑事訴訟法第159 條第1 項規定傳聞法則之適用，經本院於審理時依法踐行調查證據程序，與本案待證事實具有自然之關聯性，且無證據證明係公務員違法取得之物，依法自得作為證據。

二、實體部分：

(一)認定犯罪事實所憑之證據及理由：訊據被告固不否認陸續於上揭時、地僱工施作鋼筋水泥駁坎、栽種喬木、灌木、地毯草，及挖掘滯洪池之事實，惟矢口否認有何竊佔犯行，辯稱：699-9 、699-10地號土地是屬於最低窪的部分，為山坡地保育地，我還自費 3、40萬元設置堤防，防止因為雨勢導致水土流失，我有在旁邊種植樹木使生態多樣化，低窪的部分是一個滯洪池，也是為了水土保持，至於路樹的部分，那是我沿著所做堤防沿岸種植，也是為了水土保持，況且若缺口不補起來，從溪中上來的毒蛇非常多，會影響住居安全，我所種植的樹木都是不能收穫作物的樹種，我是為了環保才種植，樹木與土地不可分離，種植下去都是國家所有，與竊佔罪構成要件並不相符，況且我並沒有竊佔的意思云云（見本院卷第16頁、第27頁至第38頁、第53頁）。經查：

1. 被告及其配偶於96年9月14日以被告配偶名義購得699、699-3、699-4、699-5地號等4筆土地後，在其上經營雙流休閒民宿及作為住家使用乙節，業據被告自承在卷（見他卷第34頁；本院卷第29頁），並有上開4筆地號土地登記公務用謄本4份附卷可參（見他卷第46頁至53頁），又雙流休閒民宿外所張貼公告，該公告亦載明被告現職係雙流休閒民宿負責人，有照片2張（見他卷第79頁下方、第80頁）附卷可憑，是此

部分事實先堪認定。

2. 又699-9、699-10地號土地與699、699-4地號2筆土地相毗鄰，均係中華民國所有，由財政部國有財產署管理，699-9 地號土地面積523平方公尺、699-10地號土地面積127平方公尺等情，有699-9 、699-10地號土地土地登記第二類謄本、地籍圖謄本各1份（見本院卷第10頁至12頁），是上開2土地號地確屬他人之不動產。

3. 再者，被告先後於99年間，僱工分別在原設置於699-9、699-10地號土地鄰溪之河堤上方施作鋼筋水泥駁坎，將原1公尺30公分、1公尺65公分之河堤分別加高至2公尺80公分、3 公尺高（即分別加高1公尺50公分、1公尺35公分），並在坐落699-5 地號及相毗鄰未登錄土地上設置電動鐵捲柵門；繼於99、100年間在坐落699-9、699-10地號土地栽種10棵喬木、沿著該2 筆土地河堤栽種成排灌木、並在其上栽種地毯草乙情，除被告所設置之電動鐵捲柵門部分坐落699-5 地號土地相毗鄰之未登錄土地外，其餘事實業據被告坦承不諱（見他卷第35頁至第36頁、第70頁至第71頁；本院卷第16頁、第29頁至第32頁），並經本院實施勘驗，囑託南投縣南投地政事務所（下稱南投地政事務所）測量屬實，有勘驗筆錄（見本院卷第71頁）、南投地政事務所106年1月25日投地二字第1060000586號函及所附複丈成果圖各1 份（見本院卷第72頁至73頁）、南投縣政府警察局南投分局106年2月17日函及所附勘驗照片70 張（見本院卷第80頁至114頁）、被告所檢附之照片6 張（見本院卷第40頁至43頁）在卷可憑；而被告自承：「問：（這二筆土地【指699-9 、699-10地號土地】是水利地？）是。」（見他卷第36頁）、「問：（種路樹是你何時種植？） 99、100年間是我種的。是種在699-10地號上，我種植時知道那是水利地，是國有的。」、「問：（你的堤防做在哪個地號？）在699-10地號，……。我在做堤防時就知道那是水利地，是國有的。」、「問：（你設置鐵捲門、挖水池、種路樹之前有無鑑界？）有。我96年買地時就鑑界

了。」、「問：（做堤防時有無向縣政府申報水土保持計劃？）沒有。」等語（見他卷第70頁至第71頁）、「699-9地號的水池及堤防，我沒有申請水土保持計劃。」等語（見本院卷第16頁），是被告明確知悉699-9、699-10地號土地係屬國有之土地，且未經同意，擅自僱工在國有699-9、699-10地號土地原河堤上施作鋼筋水泥駁坎、在699-9、699-10地號土地栽種喬木、灌木、地毯草、及在699-9地號土地挖掘滯洪池等事實亦堪認定。此外，依南投地政事務所測量結果，被告所設置之電動鐵捲柵門坐落被告及其配偶所有之699-5地號土地外，部分坐落未登錄土地，另699-9、699-10地號土地對外聯絡之通行道路（即系爭農路）除坐落被告及其配偶所有之699-4、699-5地號土地外，亦有部分坐落未登錄土地，有前開土地複丈成果圖在卷可證（見本院卷第73頁），而依土地法第10條第1項規定：「中華民國領域內之土地，屬於中華民國人民全體，其經人民依法取得所有權者，為私有土地。」，是該未登錄土地屬中華民國所有，為未登錄之國有地，從而，被告所設置之電動鐵捲柵門及699-9、699-10地號土地聯外之通行道路部分坐落未登錄之國有地，洵堪認定。公訴意旨認被告種植路樹時間係在104年12月間、棵樹係6棵（見本院卷第2頁起訴書），此與前開證據不符，此部分事實認定有誤，併予敘明。

4. 699-9、699-10地號土地周圍有溪流及駁坎圍繞，系爭農路係唯一對外聯絡道路乙情，業據本院至現場勘驗屬實，有勘驗筆錄（見本院卷第71頁）及勘驗照片（見本院卷第88頁至107頁上方）在卷可佐，而被告亦自承：「問：（告訴人除系爭道路【即指系爭農路】外，沒有其他路可以通行？）是。」等語（見他卷第35頁）、「問：（你購買番子寮段699之3、699-5、699-4、699地號土地時，就已經知道告訴人他們在這路通行？）我設置鐵門就知道。」、「問：（告訴人除了這條路以外，還有其他道路可以通行？）沒有，那是袋地。」等語（見他卷第70頁），是被告在購地前即明確知悉

699-9 、699-10地號土地係袋地,需通行系爭農路對外聯絡,且系爭農路係唯一對外聯絡道路,告訴人2 人均通行系爭農路對外聯絡之事實堪以認定。

5.被告未經同意,擅自僱工在國有699-9 、699-10地號土地原河堤上施作鋼筋水泥駁坎,及在699-9 地號土地挖掘滯洪池之動機及目的係因其認699-9 、699-10地號鄰溪之河堤設置過低,雨水沖刷導致其與配偶所有,相毗鄰之699、699-4地號2 筆土地土石流失,及春夏季節毒蛇易沿溪流河床侵入其等經營居住之雙流休閒民宿,影響居住安全始為之;在699-9 、699-10地號土地栽種喬木、灌木、地毯草係為水土保持,等情,業據被告自承在卷(見本院卷第16頁、第29頁至30頁),衡情,被告栽種喬木、灌木、地毯草相較於做為耕地使用應有利於國土保安及自然保育,而在河堤上施作鋼筋水泥駁坎,及挖掘滯洪池是否有利於國土保安及自然保育尚乏證據論斷,然被告雖有國土保安及自然保育之觀念及素養,栽種喬木、灌木、地毯草或有達國土保安及自然保育之效果,惟被告前揭所為究其動機及目的仍係為避免自己及配偶所有土地土石流失及居住環境安全之私益而為,並非為了國有土地之保安及自然保育之公益而為。又被告在699-9 、699-10地號土地所栽種之喬木數種、樹齡,及地毯草均與其與配偶所經營之雙流休閒民宿所栽種之喬木數種、樹齡,及地毯草幾一致,有被告檢附之照片(見他卷第43頁下方)、勘驗照片(見本院卷第109頁至110頁)附卷可參,是699-9、699-10 地號土地與雙流休閒民宿景觀幾一致,亦無明顯區隔,被告在699-9 、699-10地號土地栽種喬木、地毯草顯然慮及其與配偶所經營之雙流休閒民宿之景觀所為之整體規劃,其動機及目的仍係為自己及配偶之私益所為。再者,本院勘驗699-9 、699-10地號土地現況,其上之喬木、灌木、地毯草滯洪池並無雜亂情形,有勘驗照片在卷可佐(見本院卷第107頁至113頁),顯然平時即定期整理、悉心維護,參以,被告尚將水管拉至699-10地號土地上,有勘驗照片在卷可考(

見本院卷第107頁下方、第113頁上方），足認699-9 、699-10地號土地現由被告管理、維護。尤有甚者，被告明知699-9 、699-10地號屬袋地，土地所有人及事實上管理支配者為使用、收益該等土地，平時即通行系爭農路對外聯絡，且系爭農路係唯一對外聯絡道路，竟仍在系爭農路入口處設置電動鐵捲柵門，且被告設置電動鐵捲柵門之目的係禁止通行，此業據被告自承在卷（見本院卷第33頁），且依被告張貼於雙流休閒民宿外之公告載明「本民宿為私人住所，除預約住宿外，不得進入。二、非經許可擅自闖入者，圍侵入住居罪之現行犯，將立即逮捕送辦。」，有照片2 張（見他卷第79頁下方、第80頁）附卷可憑，意謂僅預約民宿住宿者外，一律禁止進入即可自明。稽之，依被告前揭所認：自99年間設置農路口之電動鐵捲柵門，並禁止告訴人等閒雜人等進入後，告訴人等即喪失對於699-9 、699-10地號土地之事實上管領力而無從占有，足見被告認在699-9 、699-10地號土地唯一對外聯絡道路設置電動鐵捲柵門即可令告訴人2 人喪失對699-9、699-10地號土地之占有（對於699-9、699-10地號土地之所有權人而言其理亦同），從而，被告此舉目的自係破壞699-9 、699-10地號土地所有人及有事實上管領力人對於該等土地之原支配關係，而建立新支配關係甚明。且被告將699-9 、699-10地號土地原河堤加高、復在系爭農路入口處設置電動鐵捲柵門，禁止通行，使得699-9 、699-10地號土地與其與配偶所經營之雙流休閒民宿形成一區塊，儼然將699-9 、699-10地號土地作為其與配偶所經營之雙流休閒民宿之一部分。

6. 準此，被告明知699-9 、699-10地號土地係國有土地，竟為避免自己及配偶所有土地土石流失及居住環境安全之私益而未經同意，擅自分別在該等土地原河堤上施作鋼筋水泥駁坎、栽種喬木、灌木、地毯草，及挖掘滯洪池，並在該等土地唯一對外聯絡道路之入口設置電動鐵捲柵門，禁止通行，破壞該等土地所有人及有事實上管領力人對於該等土地之原支

配關係，而依699-9 、699-10地號土地與雙流休閒民宿景觀幾一致，亦無明顯區隔，二者景觀係基於整體規劃考量，且699-9 、699-10地號土地上環境由被告管理、維護，足認被告對於699-9 、699-10地號土地已具有實質支配力，顯已建立新支配關係。被告有為自己及其配偶不法利益之意圖，及竊佔之故意至為灼然。且被告將699-9 、699-10地號土地作為其與配偶所經營之雙流休閒民宿之一部分，此舉實已將699-9 、699-10地號土地全部土地面積置於其管領力支配下，而非僅將栽種喬木、灌木、地毯草占用面積部分置於其管理力支配之下亦甚明確。

7. 被告竊佔時間之認定：被告係99年間在699-9 、699-10地號土地河堤施作鋼筋水泥駁坎、設置電動鐵捲柵門禁止通行、於 99、100年間栽種喬木、灌木及地毯草，業經本院認定如上，是被告至遲應係於99、100年破壞699-9、699-10地號土地所有人及有事實上管領力人對於該等土地之原支配關係，並建立新支配關係。

8. 至被告辯稱為避免在外觀上有將土地歸於自己實力支配之嫌疑，未如告訴人2 人般栽種水果、竹筍等有收穫實益之作物，且其在國有土地上栽種樹木、草皮，該樹木等即構成國有土地之一部分，屬國家所有，被告既非所有權人，自無任何支配權利云云（見本院卷第31頁至32頁）。然竊佔罪係以意圖為自己或第三人不法之利益，而竊佔他人之不動產為其構成要件，行為人有無構成竊佔罪應審認行為人主觀上是否具有意圖為自己或第三人不法利益，及竊佔之故意，客觀上有無將他人不動產置於管領力支配之下而論，所種植之作物種類固可據為判斷依據，惟非絕對，是竊佔罪之成立與否與所種植作物種類並無必然關係；與依民法上所有權之歸屬為何亦無涉。是被告在699-9 、699-10地號土地栽種喬木、灌木、地毯草，主觀上係為自己及其配偶之不法利益之意圖及竊佔故意，其所為亦已將699-9 、699-10地號土地置於其管領力支配之下，已經本院認定如上，是被告此部分所辯，不足

採信。

9. 另如前所敘，被告所設置之電動鐵捲柵門固有部分坐落未登錄國有土地，且被告自承96年購地時即鑑界過等語（見他卷第71頁），然電動鐵捲柵門部分係坐落被告及其配偶所有之699-5 地號土地上，且被告自始自終均稱電動鐵捲柵門係坐落699-5 地號土地等語（見他卷第35頁；本院卷第32頁），再依其所提出之地籍圖謄本（見本院卷第39頁），亦係將電動鐵捲柵門繪製在699-5 地號土地上，是被告對於其所設置之電動鐵捲柵門部分坐落未登錄國有土地是否具有認識，而有竊佔犯行，尚非無疑，是此部分無從證明，此部分檢察官並未起訴，僅附此敘明。

10. 此外，按刑法竊佔罪之行為客體為不動產，而不動產乃指土地及其定著物，民法第66條第1 項定有明文。復依土地法第1 條規定：「本法所稱土地，謂水陸及天然富源。」，是以所謂土地，除地面外，應包含地下在內。至地上之空間，僅係土地合法使用之權利行使空間，不能包含於土地之概念內，自非在刑法竊佔罪之客體範圍內，苟行為人雖延伸其工作物至他人土地上空，其侵入之空間，尚非土地本身，且非定著物，自難認係不動產，即與刑法竊佔罪之要件不合。查被告固在699-9 、699-10地號土地原河堤上施作鋼筋水泥駁坎，惟被告係將原坐落699-9 、699-10地號土地之河堤加高，並非將鋼筋水泥駁坎直接施作在699-9 、699-10地號土地上，自與竊佔罪之構成要件有間，附此敘明。

11. 綜上所述，被告所辯均是卸責之詞，不足憑採，故被告於99、100年間在699-9、699-10地號土地栽種喬木、灌木、地毯草，將699-9 、699-10地號土地作為其與配偶所經營之雙流休閒民宿之一部分，以此方式竊佔699-9地號土地面積523平方公尺、699-10地號土地面積127平方公尺之事證明確，被告犯行洵堪認定，應依法論科。

(二)論罪科刑之理由：

1. 核被告所為，係犯刑法第320條第2項之意圖為自己及第三人

不法之利益而竊佔他人之不動產罪，應依同條第1項之規定處斷。又按刑法第320條第2項之竊佔罪，為即成犯，於其竊佔行為完成時犯罪即成立，以後之繼續竊佔乃狀態之繼續，而非行為之繼續（最高法院66年台上字第3118號判例參照）；此與繼續犯之犯罪完成須繼續至行為終了時為止不同；準此，被告於99、100年間將699-9、699-10地號土地置於管領力支配之下後，竊佔犯行即屬完成，其後之繼續占用僅屬狀態之繼續，並未另行排除原持有支配關係，從而，被告嗣於104年12月間僱工在坐落699-9地號土地挖掘滯洪池（面積301平方公尺），僅屬狀態之繼續，並非行為之繼續，亦非另一竊佔犯行，故檢察官認此部分成立竊佔罪，容有未恰，惟此部分與前揭起訴經本院認定有罪部分具有實質上一罪之關係，爰不另為無罪之諭知，附此敘明。又被告僱工利用不知情之人栽種喬木、灌木、地毯草之方式，實施竊佔犯行，為間接正犯。被告於99、100年間，以栽種喬木、灌木、地毯草之方式，實施竊佔犯行，係於密切接近之時間實施，侵害同一之法益，各行為之獨立性極為薄弱，依一般社會健全觀念，難以強行分開，應屬單一犯罪決意下之數個舉動接續實施，為接續犯（最高法院86年台上字第3295號判例要旨參照）。

2.檢察官雖僅就被告在699-10地號土地上種植路樹6株竊佔部分提起公訴（在坐落699-9地號土地挖掘滯洪池竊佔罪嫌部分不另為無罪之諭知，前已敘及），惟此部分因與前揭起訴經本院認定有罪部分具有實質上一罪之關係，為起訴效力所及，本院自得併予審究，附此敘明。

3.審酌被告無前科，有臺灣高等法院被告前案紀錄表1份附卷可證，素行良好，曾任職法官、院長職務，職司審判工作20餘年（見本院卷第30頁），不知恪遵法令，竟為免自己及配偶所有土地土石流失及居住環境安全之私益而竊佔699-9、699-10地號土地，在其上栽種喬木、灌木、地毯草，及挖掘滯洪池，將該等土地作為其與配偶所經營之雙流休閒民宿之

一部分，破壞該等土地所有人及有事實上管領力人對於該等土地之原支配關係，竊佔之面積共計650平方公尺，時間長達5年餘，迄言詞辯論終結仍未返還該等土地，犯後否認犯行，雖被告並無自證己罪之義務，而其縱使否認犯罪，亦屬其訴訟防禦權之正當行使，然被告於偵查、審理中阻撓檢察官及本院勘驗現場調查證據，有臺灣南投法院檢察署勘驗筆錄及本院勘驗筆錄各1份在卷可考（見他卷第78頁；本院卷第71頁），屢屢揚言欲對依法執行公務之檢察事務官、檢察官、本法官提告（見本院卷第35頁至36頁、第71頁、第125頁），已非訴訟防禦權之正當行使，目無法紀，犯後態度惡劣，惡性非小，難認事後已具悔意，兼衡其大學畢業之智識程度（見本院卷第7頁），現與其配偶經營雙流休閒民宿之生活狀況等一切情狀，量處如主文所示之刑。至檢察官雖具體求處有期徒刑1年（見本院卷第22頁），惟按刑事審判之量刑，在於實現刑罰權之分配的正義，故法院對有罪之被告科刑，應符合罪刑相當之原則，使罰當其罪，以契合人民之法律感情，此所以刑法第57條明定科刑時應審酌一切情狀，尤應注意該條所列各款事項，以為科刑輕重之標準（最高法院93年度台上字第3973號、94年度台上字第2131號、94年度台上字第2275號判決意旨參照）。本院審酌上開被告刑法第57條各款所臚列情事，及被告竊佔699-9、699-10地號土地，在其上栽種喬木、灌木、地毯草相較於種植農作物應有利於國土保安及自然保育，認科處如主文所示之刑，即可達罰當其罪之目的，檢察官之求刑稍屬過重，附此敘明。

4. 沒收部分：

(1) 被告行為後，刑法關於沒收之規定已於104年12月30日修正公布，並自105年7月1日施行，依新修正刑法第2條第2項：「沒收、非拘束人身自由之保安處分適用裁判時之法律。」。再依新修正刑法第38條第2項規定：「供犯罪所用、犯罪預備之物或犯罪所生之物，屬於犯罪行為人者，得沒收之。但有特別規定者，依其規定。」、第3項規定：「前項

之物屬於犯罪行為人以外之自然人、法人或非法人團體，而無正當理由提供或取得者，得沒收之。但有特別規定者，依其規定。」、第4項規定：「前二項之沒收，於全部或一部不能沒收或不宜執行沒收時，追徵其價額。」；同法第38條之1第1項規定：「犯罪所得，屬於犯罪行為人者，沒收之。但有特別規定者，依其規定。」、第3項規定：「前二項之沒收，於全部或一部不能沒收或不宜執行沒收時，追徵其價額。」、第4項規定：「第一項及第二項之犯罪所得，包括違法行為所得、其變得之物或財產上利益及其孳息。」；另為符合比例原則，兼顧訴訟經濟，併於同法第38條之2第1項規定：「前條犯罪所得及追徵之範圍與價額，認定顯有困難時，得以估算認定之。第三十八條之追徵，亦同。」、第2項規定：「宣告前二項之沒收或追徵，有過苛之虞、欠缺刑法上之重要性、犯罪所得價值低微，或為維持受宣告人生活條件之必要者，得不宣告或酌減之。」，以節省法院不必要之勞費，並調節沒收之嚴苛性。是本件沒收應適用新修正刑法沒收之規定，先予敘明。

(2)無權占有他人土地，可能獲得相當於租金之利益，乃社會通常之觀念，則被告竊佔699-9、699-10地號國有土地而未繳付土地使用費，獲得相當於租金之不當得利，即屬犯罪所得。查699-9、699-10地號土地面積分別為523、127平方公尺，依告訴人2人所繳納之101年6月至12月699-9、699-10地號土地使用補償金分別為新臺幣（下同）315元、77元，有財政部國有財產局自行收納款項收據2份在卷可參（見他卷第22頁至23頁），是依被告竊佔699-9、699-10地號土地之時間自99、100年間起迄言詞辯論終結時，依被告最有利之100年6月起算，再依國有財產署就竊佔國有土地係每半年一次繳交土地使用補償金之方式，本院估算被告竊佔699-9、699-10地號土地時間約為5年6個月，被告應繳納之國有土地使用補償金應為4312元（《315＋77》×11），從而，本件犯罪所得低微，若予宣告沒收或追徵，恐有過苛之虞，且如予

沒收或追徵恐徒增執行上之人力物力上之勞費，欠缺刑法上之重要性，爰依刑法第38條之2第2項之規定，不予宣告沒收或追徵其價額。

⑶另被告於699-9、699-10地號土地栽種之喬木、灌木、地毯草等物，核其性質應為犯罪所衍生之物，依新修正第38條第2項前段，以屬犯罪行為人者，始得宣告沒收。惟按不動產之出產物尚未分離者，為該不動產之部分，民法第66條第2項定有明文，而699-9、699-10地號土地，現均屬中華民國所有，並由國有財產署管理，是國有財產署本即具上揭土地之管理監督權，並對於未分離之不動產出產物享有所有權。從而，上開喬木、灌木、地毯草等雖屬因犯罪所生之物，惟因尚未分離而仍為不動產之部分，屬國有財產署所有，且係基於法律規定取得所有權，尚非無正當理由而取得者，依刑法第38條第2項前段規定，自無從為沒收之諭知。

⑷至被告所挖掘之滯洪池係竊佔犯行完成後之繼續占用中所為，固不另成立竊佔罪，仍係犯罪所生之物，鋼筋水泥駁坎則係供被告本件犯罪所用之物，二者均屬被告所有，惟二者對於國土保安及自然保育是否有危害，尚無證據可資論斷，若貿然宣告沒收有危害國土保安及自然保育之可能，且徒增執行上之人力物力上之勞費，是此部分應由監督管理者之國有財產署依法律途徑命被告回復原狀或維持現狀，故認宣告沒收欠缺刑法上之重要性，爰依刑法第38條之2第2項之規定，不予宣告沒收，均併予敘明。

據上論斷，應依刑事訴訟法第299條第1項前段，刑法第320條第2項、第1項，刑法施行法第1條之1 第1項、第2項前段，判決如主文。

本案經檢察官劉景仁到庭執行職務。

中　　華　　民　　國　106　年　3　月　28　日

　　　　　　刑事第二庭　　法　官　陳鈴香

以上正本與原本無異。

如不服本判決應於收受送達後10日內向本院提出上訴書狀，並應

敘述具體理由；其未敘述上訴理由者，應於上訴期間屆滿後20日內向本院補提理由書（均須按他造當事人之人數附繕本）「切勿逕送上級法院」。

告訴人或被害人如對於本判決不服者，應具理由請求檢察官上訴，其上訴期間之計算係以檢察官收受判決正本之日期為準。

書記官 夏文真

中　華　民　國　106　年　3　月　29　日

附錄本案論罪科刑法條

中華民國刑法第320 條

意圖為自己或第三人不法之所有，而竊取他人之動產者，為竊盜罪，處5年以下有期徒刑、拘役或5百元以下罰金。

意圖為自己或第三人不法之利益，而竊佔他人之不動產者，依前項之規定處斷。

前二項之未遂犯罰之。

檢察官及一審法官毫無公平正義理念，為了協助告發人陳茂盛等向筆者索取50萬元之權利金，以刑逼民，勾結罪犯，枉法裁判，無所不用其極。其後上訴第二審台中高分院審理時，受命法官王邁揚之心態、人格素質亦不遑多讓。第一，其不管筆者於一審中一再提及告發人並非被害人，沒有告訴權，仍舊以告訴人身分通知渠等到庭，並沿襲檢察事務官，一審法官以刑逼民之技倆，要筆者與告發人民事和解，希望筆者將所有農路供渠等通行。第二、筆者聲請向國有財產署函查若干證據，王邁揚法官竟回以：不要為難國有財產署云云，當時筆者不禁想問：是法官自己感到為難？抑或國有財產署為難？或有其他難言之隱？令人費猜疑。且嚴重影響本人訴訟上權利之行使。第三，在本應是莊嚴神聖之法庭上，公然稱呼本人為「院長」，不但不合訴訟法相關之規定，且究竟是戲謔、諷刺、貶抑或有其他意圖，令受審判對象之筆者狐疑、惶恐萬分。第四、更令人不可思議的是，他竟當庭表示：竊占鄉下土地跟竊占都市土地一樣是竊占云云，此種在言詞辯論終結前未審先判的意見，究竟是他個人的成見，還是合議庭已有的心證，著實令筆者百思不解，且深感害怕。

　　本以為一審枉法裁判，上訴二審後應能得到公平的審判，以茲救濟，但是合議庭審判長姚勳昌、許冰芬、王邁揚三人於開過沒有任何調查的調查庭後，即一次辯論終結認定筆者竊占罪成立，只不過認定筆者「水土保持施工有利於公益」，減為有期徒刑四月，並諭知易科罰金之標準。此時筆者回想起審判期間，已有前熟識的法官陳毓秀特地由台中前來南投家中示警，謂筆者「根本是犯了藐視法庭罪」，言下之意，本件官司恐不樂觀，筆者本於專業，認為本件根本無由成立竊占罪，如構成犯罪，將來會是一個著名的案例。陳毓秀回答：「如由國外的陪審團認定，當然無罪，但是你的案子只不過是數萬件案件之一，不會成為什麼案例的。」大概是指審判庭已下了諭旨，「君要臣死，臣不得不死」吧！

　　茲循例將二審時筆者所書之答辯狀及二審判決書登載如下，以供國人判

別，何者為正義？何者為邪惡的化身？筆者之答辯狀：（見附件4）；筆者之聲請調查證據狀：（見附件5）

刑事答辯狀

股別：遠股

案號：106年度上易字第471號

上　訴　人

即　被　告：蕭廣政

為被告涉竊占案件，依法提出答辯事：

一、按國有非公用不動產出租管理辦法（財政部國有財產署104年6月10日修正公布），第3條規定：「非公用不動產除法令另有規定外，得辦理出租。」「前項出租之方式，包括標租及逕予出租。」第7條規定：「非公用不動產，無預定用途者，得辦理標租。」「被占用非公用不動產無下列情形之一者，得逕按現狀辦理標租，其歷年使用補償金，應向實際占用人追收。」第16條：「非公用不動產逕予出租之程序如下：一、申請。二、收件。三、勘查。四、審查。五、通知繳交歷年使用補償金。六、訂約。」第17條：「依本法第42條第1項各項款規定逕予出租之對象如下：一、第一款為逕予出租之原承租人或其繼受人。二、第二款為現使用人。查告發人陳茂盛等二人自99年間被告在自有農路上設置柵欄禁止閒雜人等進出後，即無法使用系爭番子寮段66-9地號國有土地，此只要經國有

財產署南投分署於逕予出租前實際勘查後，即可明白。惟該署竟無視此事實，逕予出租與告發人，顯然不合法令規定，而有違法之情事，此點被告於原審偵審中均已提及，惟事務官、檢察官及法官均置之不理，全然不予調查。僅憑一只形式上存在卻不合法之出租契約，認為被告有義務提供自有農路供告發人通行，真是荒謬無比。

二、非公用不動產，如本件告發人所稱之“河川浮覆地”或民間通稱之“水利地”，其形成有一定之地理條件或歷史緣由，如因洪水或土石流，導致溪流改道，或政府為避免洪患在溪流兩側興建堤防，保障居民之生命財產安全，而有截彎取直之情事，因此，難免有部分原河川地納入堤防外側，而與農地毗鄰；相對地也有部分農地因此劃歸河川地，此為河川整治工程前政府與農民相互的諒解，為互利雙贏之舉措，所以河川整治工程後，溪流堤防之畸零地通例由毗鄰農地所有人占有使用。即以本件被告之妻所有 699-5、699-4 地號土地而論，依南投地政事務所 106 年 1 月 25 日投地二字第 1060000586 號函及所附複丈成果圖各 1 份所示，固有臨溪之農業道路部分用地係佔用國有未登錄之河川地，然該 699-5、699-4 地號亦有部分土地沒入於溪床中，而成為國有地，因此乃有「國有非公用不動產出租管理辦法」之規定，以規範此種情形。一方

面讓這些因溪流截彎取直等原因造成的畸零地物盡其用，也可讓農地沒入溪流有所損失之農民稍有補償，避免與民爭利之譏。為此，上開辦法中明定可逕予出租原承租人或其繼承人，以及現使用人。否則若將現使用人均以竊佔罪論，不但不合實際的此類非公用不動產形成的歷史緣由，且農民因此沒入溪床之農地部分，難道農民也要告訴政府機關竊佔？

三、本件陳茂盛、陳期賢並非 699-9、699-10 地號國有非公用不動產之所有人，而係非法承租人，已如上述，故渠等並非本案之合法告訴權人，其告訴為不合法，應認係本案之告發人，原審及公訴人均有誤會。且依原審判決認定之事實，系爭 699-9、699-10 地號土地，告發人陳茂盛、陳期賢於 103 年 8 月 4 日始向國有財產署南投分署申請承租，並認為承租前已實際使用該國有地，則告發人於承租該等國有地前，豈非已然構成竊佔罪，此不因其嗣後向國有財產署南投分署承租而可免罪責。然檢察官明知此事實，竟刻意不予追訴，單獨起訴被告，很容易讓人有聯合告發人對付被告，而達到一定目的的聯想。按司法是公平正義的最後一道防線，且公平與正義同等重要，缺一不可。檢察官明知告發人亦涉嫌竊佔罪，而無故不使其受追訴或處罰，核犯刑法第 125 條之濫權追訴處罰罪，被告就此定當為告發，使其受到應得之懲罰，以維法治。

四、告發人於 103 年 8 月 4 日向國有財產署南投分署承租
　　該 699-9、699-10 地號國有土地，此為原審判決認定
　　之事實。然查該等土地東南面與被告配偶所有 699 及
　　699-4 地號土地相毗鄰，其他二面堤防外即係深達 3
　　公尺左右之番子寮溪及番子寮溪支流(699-9、699-10
　　地號二筆土地係在上開二溪之交會處)，此有卷內多張
　　照片及上開複丈成果圖可稽，而 699-9、699-10 地號
　　土地對外之唯一通路，係被告於 99 年間向南投縣政府
　　合法申請之農業用道路，其使用範圍亦絕大部分在被
　　告配偶所有 699-5、699-4 地號土地內，其他占用國有
　　非公用不動產部分，亦屬極少，且如上開所述，其佔
　　用有一定之歷史緣由，被告配偶依上開國有非公用不
　　動產出租管理辦法，為現使用人，得合法使用，並辦
　　理承租。被告於 99 年間依法興建農舍時，為了住家安
　　全，將面臨馬路之農路設置柵欄管制人車進出，係土
　　地所有權人權利之合法行使，檢察官認為此係竊佔罪
　　之手段，原審判決亦認定「被告此舉目的，自係破壞
　　699-9、699-10 地號土地所有人及事實上管理領力人
　　對於該等土地之支配關係，而建立新支配關係甚明。」
　　誠不知其羅輯及立論何在，受有相當法學教育的司法
　　人員，竟然有此種論述，是無知，還是另有所圖，而
　　故為扭曲，令人訝異萬分！
五、告發人承租之 699-9 地號國有土地，自被告於 99 年間

因水

土保持之必要，在 699-10 地號土地構築沿溪之堤防
後，699-9 地號土地未幾即因而形成窪地，無法耕作。
且因被告依法將設置之自有農路封閉，管制人車之出
入，以保障自身之住家安全，則 699-9 地號土地已變
成典型之袋地。告發人雖二次申請名間鄉鎮公所調解
委員會調解，確認其有通行權存在，但被告不同意，
告發人自無通行權。且告發人向被告索取使用該 699-9
地號國有土地權利金新台幣五十萬元不遂後，四處檢
舉被告興建農舍及相關農業設施違法，並常藉故侵入
住宅照相、騷擾，並著人在大門口按喇叭示威，被告
深感不恥，更不會答應告發人利用該農路通行。按民
法第 964 條規定：「占有，因占有人喪失其對於該物
之事實上管領力而消滅。但其管領力僅一時不能實行
者，不在此限。」告發人於 99 年以前，縱有佔有使用
699-9 地號國有土地之事實，惟該地自 99 年以後已無
對外通行之道路，告發人已喪失該地之事實上管領
力，原審判決竟謂告發人管領力僅一時不能行使，其
立論真令人嘆為觀止。又告發人既全然無路通行 699-9
地號國有土地，其竟向國有財產署南投分署承租，其
目的顯係阻止被告法向該署承租使用，依民法第 148
條規定：「權利之行使，不得反公共利益，或以損他
人為主要目的。」告發人此舉顯然超越權利行使之界

限，應不生效力。上開二點主張，被告於偵審中一再提及，竟未獲置理，反要求被告與告發人為民事和解，令人匪夷所思。

六、水土保持法第 1 條規定：「為實施水土保持之處理與維護，以保育水土資源，涵養水源，減免災害，促進土地合理利用，增進國民福址，特制定本法。」其第 3 條對於「水土保持之處理與維護」，定義為：「係指應用工程、農藝或植生方法，以保育水土資源、維護自然生態景觀及防治沖蝕、崩塌、地滑、土石流等災害之措施。」足見水土保持工作，係為土地之永續利用，增進全體國民福址而設，此觀水土保持法對於水土保持義務人未依規定施作與維護，並設有處罰之規定，如該法第 32 條至第 36 條所定罰則，至為明確。甚且，水土保持法第 25 條規定：「為辦理水土木保持之處理與維護需用公有土地時，主管機關得辦理撥用；土地權屬私有者，主管機關應依法徵收之。」更加證明水土保持事涉公益，其重要性甚至凌駕於公私有土地所有權自身之效力。原審判決認為被告為水土保持之行為，係為自己私益，顯然不是不了解水土保持之意義與內涵。以致錯誤解讀，就是故意曲解而入人於罪。依水土保持法第 8 條第 2 項所制定之「水土保持技術規範」，其第 3 條明訂：「為促進水土資源

永續利用，有關水土保持之處理與維護，應以工程、農藝或植生方法，單獨或配合運用。」第 12 條亦規定：「對於海岸、湖泊、水庫沿岸或水道兩岸之治理，應防止崩塌、侵蝕、維護自然生態環境、保護鄰近土地。」依上開水土保持技術規範第 7 節第 41 條，其中水土保持之重要植物群落，包括草本層、低灌木及高草本層、高灌木層、喬木層。民國 99 年間，被告有感於 699-3、699 地號均為坡度大於百分之五之山坡地，雨勢大時，699 及 699-9（當時為未登錄國有地，即通稱水利地）地號土地，土壤沖蝕甚鉅，尤其番子寮溪上游下大雨時，因 699-10 地號堤防僅築有基座，形成堤防之大缺口，使得 699-9 地號國有土地高度與河床高度相差無幾，高漲的溪水即倒灌入 699-9 地號國有土地，加劇 699-9 地號土地之侵蝕，並危及 699 地號土地之水土保持，恐引發上開兩地號之土石沖入番子寮溪，阻礙排水，影響下游南投市民之生命財產安全。被告乃僱工沿著 699-9 地號南側興建鋼筋水泥之駁崁（長 28.9 公尺、寬 0.15 公尺、高 1.7 公尺），防止 699-3、699 地號土石流失。且為防止 699-9 地號國有地土石之流失，及鞏固番子寮溪支流即上開堤防缺口岸邊，乃依水土保持技術規範第 12 條，將該 699-10 地號土地之堤防加高至與兩端之堤防等高，工法亦為鋼筋水泥構造，長 27 公尺、寬 0.3 公尺、高 1.5 公尺，並為鞏固

堤防，沿著堤防填土夯實，然後在上面種植一排喬木及灌木，並在地表種植地毯草，做好水土保持工作。該 699-9 地號國有地，因堤防加高，形成自然的窪地，雨勢大時有滯洪的作用，不但 699-9 地號內之土石自此不會流失，且因日久雨水累積在滯洪池內，有將地表水補注地下土壤之效果，防止地層下陷。且水是生命之起源，水體兼有調節氣候之功用，被告所為，核與水土保持技術規範第 53 條所定：「農地沈砂池，係指在農地排水或匯流處，設置供逕流所挾帶泥砂沈積之設施，減少土砂流失及災害。」亦相符合，衡被告前後為了該水土保持工程，花費約新台幣三十餘萬元，除了必要之水土保持綠化植栽，根本未有任何墾殖，如種植可收穫之竹木或疏果等農產品之行為。原審判決竟指為私益而為，全與事實不符。

七、又原審以該等樹種及草種與民宿景觀一致，即認定被告水土保持之動機及目的，乃為自己及配偶之私益所為云云。惟該等樹種及草種，均係常見之馴化種（品種）或水土保持草種，與水土保持技術規範第 58 條所定相符，上開說詞無非欲故入人罪。又被告為區隔自有農地與該 699-9、699-10 地號國有地，乃在毗鄰之 699-4 地號上設置高 30 公分之水泥牆，另在 699 地號與 699-9 地號交界處興建高 170 公分之駁崁，並沿駁崁種植一排喬木，此有照片多張附卷可稽。原審竟認

為兩地之間無明顯區隔，被告將 699-9、699-10 地號土地作為其與配偶所經營之民宿之一部分云云，不但全然與事實不符，且民宿英文 B＆B，就是提供早餐及床舖而已，即以顧客常見之評語，通常僅為「房間乾淨、早餐豐盛及主人親切好客」等，無關外面之景觀，而該國有地距離民宿約 90 公尺遠，與被告之果園毗鄰，少有住宿客人靠近，原判決認被告以該水土保持後之景觀，作為民宿招徠客人之方法，實屬無中生有無稽之談，全不可取。

八、按刑事訴訟法第 3 條規定：「本法稱當事人者謂檢察官、自訴人及被告。」又同法第 214 條第 1 項：「行勘驗時，得命證人、鑑定人到場。第 2 項規定：「檢察官實施勘驗時，如有必要，得通知當事人、代理人或辯護人到場。」此皆有嚴謹之規定，實施訴訟程序之公務員自應遵守，以免落人口實、橫生枝節。查本件告發人僅係與被告爭奪 699-9 地號國有地承租權之人，不是自訴人，也非告訴人，更非證人，且被告亦早已在答辯狀內敘明與告發人間瓜葛，希望勘驗時不要令告發人在場。惟事務官、法官均不遵守上開刑事訴訟法之規定，亦不在乎被告懷疑其執法之公平性，執意令告發人到場。且勘驗，依刑事訴訟法第 219 條，固準用第 127 條、132 條、146 條至 151 條及第 153 條搜索程序之規定，惟被告犯罪場所為 699-9、699-10

地號國有地，該地距離被告所有農路入口有 130 公尺遠，法官到達被告民宿大門口時，勘驗行為並未開始，被告自無所謂抗拒勘驗之行為，而有刑事訴訟法第 132 條所定準用搜索之規定，法官是以勘驗為藉口，行強制搜索被告住所，其違法犯行至為明確。且告發人依上開規定，並非證人、鑑定人，依刑事訴訟法第 214 條規定，不得在場，但承審法官竟任令其無故侵入被告及配偶之住居，此部分法官及隨行的檢察官均應負刑法第 306 條之無故侵入住居罪，此部分被告另行提出告訴。)

九、被告於 99 年間將 699-10 地號堤防加高後，填土夯實，並依水土保持法種植喬木、灌本及草皮後，告發人為了阻止被告向國有財產署南投分署承租，竟處心積慮偽造不實之使用證明，其方法為：先於 100 年 6 月 23 日到國有財產署將該水利地登錄為國有（原為未登錄之國有地），因唯一通行之農路遭被告封閉，告發人竟製作簡易木梯由加高之堤防爬上 699-9、6699-10 地號上土地種植香蕉等作物約 15 棵左右，因被告僅從事必要的水土保持工作，根本無將國有地據為自己實力支配之意思，從來對告發人之墾殖行為未加以制止。初始尚偶見告發人爬上堤防維護其所種植之香蕉等作物，惟時間一久，告發人即疏於管理維護，任由各類雜草、藤蔓、雜木等恣意生長攀爬，尤其是有 "綠癌"

之稱的小花蔓澤蘭，因具優勢之無性繁殖能力，快速且大量生長的狀況下，常導致其他植物遭受覆蓋而吸收不到充足的陽光而死亡，且告發人所種植之香蕉等作物，因滯洪池水位日益提高，亦逐漸枯死，被告為了維護生態環境，遂僱工將該枯死的作物、藤蔓及小花蔓澤蘭予以清除。其將施工時間約為104年12月間。惟在此之前，告訴人已於103年8月4日向國有財產署南投分署，以其為「現使用人」申請承租該699-9地號國有土地。上開告發人自被告為水土保持行為後，仍繼續墾殖及承租之事實，請調取承租契約並訊問告發人自明，即被告家屬亦可出面作證，並有現場照片可稽。被告為水土保持工作後，尚任由告發人為墾殖耕作，未為排他性的實力支配行為，核被告所為與竊佔罪之構成要件不符，且日後如國有財產署人員欲入內為管理行為，被告自將准許其通行農路，絕不阻礙。

十、按刑法上之犯罪，除該當於犯罪之構成要件外，尤必須具備可罰性，始與刑事政策相符。本件涉及國有非公用不動產之管理，其主管機關為財政部國有財產署，該署綜合考量非公用不動產屬性、歷史及社會因素，乃制定“有非公用不動產出租管理辦法”，以求有效且公平的管理，各機關自應尊重。且本案偵審中，經事務官及法官詢問國有財產署南投分署承辦人員，

本案應否移送，均未表示同意，自應尊重。司法機關
負有維護公平正義及定紛止爭之職責，尤應注意及
此，以免治絲益棼，徒然掀起更大的社會爭議，甚至
影響司法機關之信譽。

台灣高等法院台中分院　刑事庭　公鑒

中華民國　一〇六　　年　　　月　　　　日
　　　　　具　狀　人：蕭廣政

刑事聲請調查證據　　狀

案　號	106年度 上易字第 471 號	承辦股別	遠
訴訟　標的金額或價額	新臺幣		元
稱　謂	姓名或名稱	依序填寫：國民身分證統一編號或營利事業統一編號、性別、出生年月日、職業、住居所、就業處所、公務所、事務所或營業所、郵遞區號、電話、傳真、電子郵件位址、指定送達代收人及其送達處所。
上訴人即被告	蕭廣改	國民身分證統一編號（或營利事業統一編號）：（均詳卷） 性別：男／女　　生日：　　　職業： 住： 郵遞區號：　　　　　電話： 傳真： 是否聲請『案件進度線上查詢服務』： （聲請本服務，請參考網址：http://cpor.judicial.gov.tw） □ 否 □ 是（以一組E-MAIL為限） 電子郵件位址： 送達代收人： 送達處所：

001920

57

一、 請鈞院函行政院農業委員會水土保持局（設南投市中興新村光華路6號、電話：049-2394206）請派員前往柴裏畫子寮段699-9、699-10地號土地鑑定、被告沿699-10地號土地興建（加高）之堤防、以及在堤防邊填土夯實後種植之喬木、灌木及草皮、其施作方法是否合於水土保持法及水土保持技術規範之規定、而有利於保育水土資源、涵養水源、減免災害、促進土地合理利用、增進國民福祉？因為依據原審判決認定：「惟被告前揭所為……、並非為了國有土地之保安及自然保育之公益而為。」則被告前揭所為是否有利於國有土地之保安及自然保育、自有查明之必要。

二、 被告於民國99年間施作699-10地號

000634

土地之堤防後，告發人等二人雖無法循被告之農路進入 699-9、699-10 地之國有地耕作，乃製作簡易木梯由溪床攀爬上該國有土地種植香蕉等農作物，惟日久即疏於管理維護，任由作物枯死，並橫生小花蔓澤蘭等雜草，而嚴重危害自然生態，被告見告發人無意繼續耕作而廢耕，乃僱工將該等枯死之作物及雜草清除，因該地低窪，日久即形成滯洪池。為此亦一併函請行政院農業委員會水土保持局，查明被告設置之上開滯洪池是否與水土保持技術規範第53條規定相符，而能減少土砂流失及災害？

三、告發人未繼續耕作上開國有地，而形成廢耕之狀態後，被告僱工將該等枯死之作物及雜草清除，則被告

對於該等國有土地已是「現使用人」，
則請鈞院函國有財產署，被告是否得
按國有非公用不動產出租管理辦法，申
請承租？　此致

台灣高等法院台中分院　刑事庭　公鑒

證物名稱及件數	

中　華　民　國　106　年　　10　月　　12　日

具狀人　蕭廣政　[印章]　　簽名蓋章

撰狀人　　　　　　　　　　　　簽名蓋章

000779

台中高分院106年度上易字第471號刑事判決書：（見附件6）

臺灣高等法院臺中分院刑事判決

106年度上易字第471號

上　訴　人
即　被　告　蕭廣政　男　63歲（民國　年　月　日生）
　　　　　　身分證統一編號：
　　　　　　住南投縣名間鄉仁和村山腳巷23之7號

上列上訴人因竊佔案件，不服臺灣南投地方法院105年度易字第
228號中華民國106年3月28日第一審判決（起訴案號：臺灣南投
地方法院檢察署105年度偵字第2884號），提起上訴，本院判決
如下：

主　文

原判決撤銷

蕭廣政意圖為自己及第三人不法之利益，而竊佔他人之不動產，
處有期徒刑肆月，如易科罰金，以新臺幣壹仟元折算壹日

事　實

一、蕭廣政及其配偶林美雲於民國96年9月14日以林美雲名義購
　　得坐落南投縣名間鄉番子寮段第699、699-3、699-4、699-5
　　地號等4筆土地後，在其上興建農舍供經營「雙流休閒民宿
　　」及住家使用。蕭廣政明知毗鄰其第699、699-4地號土地之
　　未登記土地（於100年9月14日始編號登記為同段第699-9、6
　　99-10地號為國有土地，由財政部國有財產署管理，第669-9
　　地號土地為農牧用地、第669-10地號土地為水利用地，以下
　　均以地號略稱）非其所有，該土地上原有他人種植之綠竹筍
　　、龍眼樹、香蕉等作物，因土地坐落位置恰在番子寮溪及其
　　支流分流夾角處，而沿番子寮溪支流原有公共造產即高約3
　　公尺之混凝土牆（下稱護岸），但該護岸迄第699-10地號處
　　則驟降為1公尺30公分至1公尺65公分高，且第699-9、699-1
　　0地號土地地勢較為低窪，致使雨勢較大時其第699、699 -3
　　、699-4、699-5地號土地之自然排水會往第699-9、699 -10
　　地號匯滯淤積，有礙「雙流休閒民宿」之整體景觀；又逢豪

61

大雨時，如番子寮溪水暴漲由前開護岸較低處倒灌流入，可能導致第699、699-4地號土地土石流失、又春夏季節毒蛇沿溪流由該處侵入，亦有居住安全之顧慮。乃蕭廣政無視於上開第699-9、699-10地號土地非其所有、縱屬袋地，但其上有他人種植之上開作物，耕作之人長年可沿繞原有農用道路（即臨上開護岸旁，道路大部分坐落第699-4、699-5地號土地，小部分位於未登記土地）進出之事實，竟基於主要為了維護其所經營「雙流休閒民宿」整體景觀一致性、防止春夏季節毒蛇沿溪流侵入民宿及前開土地土石流失等私益之動機及目的，即意圖為自己及其配偶不法之利益，基於竊佔之犯意，在上開護岸旁原有農用道路頭，設置電動鐵捲柵門，禁止未經其同意者隨意入內，使事實上管領第699-9、699 -10地號土地之陳茂盛、陳期賢無法循原方式進入，其等事實上之管領能力遭受限制剝奪，同時建立蕭廣政自己之管領支配關係。蕭廣政乃再於前開第699-10地號上之原1公尺30公分至1公尺65公分高之護岸，雇工以混凝土加高至2公尺80公分、3公尺（即分別加高1公尺50公分、1公尺35公分），繼於99、100年間在護岸邊栽種10棵喬木、沿該2筆土地護岸栽種成排灌木、並在其上栽種地毯草，在視覺、景觀上與所經營之「雙流休閒民宿」融為一體，而無明顯之區隔，對外宣傳上更將非其所有之第699-9、699-10地號土地併計入「雙流休閒民宿」整體面積之內，合計竊佔第699-9地號土地其中面積418平方公尺、第699-10地號土地中之面積30平方公尺。嗣陳茂盛、陳期賢主張其等係699-9、699-10地號之原始占有人，而向國有財產署辦理承租事宜，上開2筆土地始於100年9月14日編號登記，其中699-9地號土地（面積523平方公尺）由國有財產署放租予陳茂盛、陳期賢耕作（租賃期間自103年9月1日起至112年12月31日止），陳茂盛等為宣示其等有合法租賃關係存在，乃從番子寮溪架梯攀爬方式進入上

開土地種植香蕉數株，蕭廣政另於104年12月間僱工在699-9地號土地上挖掘滯洪池（面積301平方公尺），陳茂盛、陳期賢要求蕭廣政賠償未果，遂提起告訴，檢察官因而查悉上情。

二、案經陳茂盛、陳期賢訴請臺灣南投地方法院檢察署檢察官偵查起訴。

理　由

甲、程序方面：

壹、本件告訴是否合法之認定：上訴人即被告（下稱被告）主張第699-9、699-10地號土地係袋地，依民法第964條規定：「占有，因占有人喪失其對於物之事實上管領力而消滅。」，被告自99年起在農路口之設置電動鐵捲柵門，禁止陳茂盛、陳期賢2人進入後，彼2人即喪失對第699-9、699-10地號土地之事實上管領力。依104年6月10日修訂之「國有非公用不動產出租管理辦法」、105年8月16日修正公布之「各機關經管國有公用被占用不動產處理原則」等規定，倘國有財產署南投分署於出租前實地勘查，即可明瞭陳茂盛、陳期賢2人非現使用人，不得承租。是國有財產署南投分署人員未依規定勘查，而將土地逕予出租陳茂盛、陳期賢，該租約違法無效。又陳茂盛、陳期賢承租土地，顯然係為了阻止被告日後依法向國有財產署辦理承租，依民法第148條規定「權利之行使，不得違反公共利益，或以損害他人為主要目的。」，故彼2人已無法使用第699-9、699-10地號土地，承租目的在損害被告日後承租之權利，該租約在民法上亦違法無效，且與財產署南投分署人員涉及共同偽造文書刑責，則陳茂盛、陳期賢2人非第699-9、699-10地號土地之所有人，為非法承租人，不是合法告訴權人，其告訴為不合法（見原審卷第33至34頁、本院卷第4頁、第35至36頁）。經查：

一、依卷附國有耕地放租租賃契約書（見原審卷第130頁）所載

63

，陳茂盛、陳期賢承租之土地係第699-9地號，因第699-10
地號土地為水利地，非其等承租範圍，合先敘明。

二、按刑事訴訟法第232條規定，犯罪之被害人得為告訴，所謂
被害人，指因犯罪行為直接受害之人而言（最高法院20年上
字第55號判例參照）。是該條所稱之被害人，指因犯罪行為
其權益受直接之侵害者而言，不包括因此項犯罪而間接或附
帶受害之人在內。然其權益之受害，究係直接受害，抑間接
或附帶受害，則應依告訴意旨所指訴之事實，從形式上觀察
其權益能否直接受有損害之虞，為判別之準據（最高法院84
年度台上字第3060號判決意旨參照）。又刑法第320條第2項
「竊佔他人之不動產」之竊佔二字，指在他人不知之間占有
他人之不動產而言。他人二字包括所有人、占有人在內（最
高法院24年度總會決議參照）。復按刑法上侵害財產法益之
犯罪，重在持有關係，其行為客體並不以他人所有之物為限
。凡事實上對物取得管領支配之人，不論其有無合法之權源
，為維持現存社會秩序，其持有仍受刑法之保護，得為財產
犯罪之行為客體，若因他人之犯罪行為，致其對物之管領支
配受有侵害，自不失為該犯罪之直接被害人，依法得為告訴
（最高法院88年度台非字第372號判決意旨參照）。再按刑
法上之持有，係指對物之現實占有者而言。不問其為合法或
非法之占有，為維持其事實上之占有關係，藉以維護社會秩
序，除原所有權人於其所有權被侵害時得依法即時排除侵害
外，不容任何人未經法定程序任意變更現實占有之狀態。如
有對於他人現實占有之物（含動產、『不動產』）予以不法
侵害時，仍難解免其刑責（例如竊取、強劫或搶奪竊盜犯所
持有之贓物時，仍應認其侵害竊盜犯之事實管領權而分別成
立竊盜、強劫或搶奪等罪名是），有最高法院84年度台非字
第109號判決意旨可資參照。而竊佔罪屬刑法上侵害財產法
益之犯罪，係保護對於不動產事實上管領支配力不受他人侵

害，故該不動產之所有權人固為直接被害人，而對於該不動產有事實上管領支配力之人，無論取得事實上管領支配有無合法權源，倘因他人（除原所有權人外）未經法定程序任意變更現實占有之狀態致其管領支配力受有侵害者，亦屬犯罪之直接被害人，自得為告訴，此與被害人是否成立竊佔罪係屬二事（其理同搶奪竊盜犯所持有之贓物時，仍應認其侵害竊盜犯之事實管領權而成立搶奪罪名，與竊盜犯是否成立竊盜罪無涉）。

三、系爭第699-9、699-10地號土地，係於100年9月14日始編號登記為國有，由國有財產署管理，陳茂盛、陳期賢2人於103年8月4日向國有財產署南投分署申請承租，經該分署認其2人申請承租時已實際使用該國有地，依國有耕地放租作業注意事項第32點第2項之規定，起租日期為受理申租案件之次月1日，故第699-9地號土地租賃期間自103年9月1日起至112年12月31日止，租賃契約簽訂日則係104年11月4日等情，業據證人即國有財產署南投分署第二股股長林永松於原審審理時證述明確（見原審卷第121頁至122頁），並有其庭呈附卷之上開國有耕地放租租賃契約書影本1件可查，因此，陳茂盛、陳期賢既為系爭第699-9地號土地之承租人，依租約對該土地有管理、使用及收益之權，依其等告訴意旨指訴之事實即被告「將系爭土地據為己有…於104年11月、12月間，將告訴人在該土地上栽種之香蕉等農作物…砍伐、毀損至無法繼續耕作」，從形式觀察，其等主張承租土地之權能遭被告剝奪，自屬犯罪之直接被害人，而為合法之告訴人無誤。至於前開租約簽訂前，陳茂盛、陳期賢是否占有、管理、使用及收益系爭土地之正當權源？縱認屬無權占有，但若遭人未經法定程序任意變更現實占有之狀態致其管領支配力受有侵害者，亦屬犯罪之直接被害人，已如前述。況且，陳茂盛、陳期賢2人俱指稱：第699-9、699-10地號土地係「87水災

後」形成之河川浮覆地，其等父執輩自47年起即在該土地上耕種，長輩去世後繼續由彼2人一起耕作，因該土地原為未登錄土地，其等為合法使用土地於100年6月23日到國有財產署申請登錄土地，自103年9月1日起承租，已依法補繳96年6月至103年8月之租金（性質應係相當於租金之不當得利）等語（見他卷第5頁、第34頁、第70頁），並有其等提出之國有土地使用補償金繳納通知書、國有財產局自行收納款項收據、繳款人收執單據等件在卷可憑（見他卷第21頁至30頁；原審卷第19至25頁），從其等補繳使用費、期間之形式觀察，堪認陳茂盛、陳期賢2人至少主張其等自96年6月起有占有使用系爭土地之事實，尤以，被告亦自承：「問：（有無挖水池種路樹？）…在民法上我認為對方已經喪失占用，因為他們沒辦法進來，因為我設鐵門在我的土地上。」等語（見他卷第35頁）、「問：（告訴人說的毀損龍眼、綠竹筍、香蕉是你破壞嗎？如何毀損？）我有交代怪手要小心不要挖到龍眼樹，結果他不小心挖到，那是99年的事，99年我做堤防水土保持，後來第699-9、699-10變成低窪地，下雨慢慢積水綠竹筍跟香蕉都是淹水死掉的，不是我刻意破壞的。」、「問：（你挖掘水池之前，該土地原先狀態？）水池是位在第699-9、699-10地號上，上面都是雜草跟石頭，還有兩叢綠竹筍。我當時挖水池時就知道是告訴人種的。」、「問：（有何意見補充？）我認為告訴人2人也有竊佔嫌疑，請檢察官一併偵辦。」等語（見他卷第70至72頁），在在可見被告自99年間設置電動鐵捲柵門後，陳茂盛、陳期賢2人方無從沿原有農路進入系爭土地耕作，而土地上原有龍眼樹、綠竹筍、香蕉等農作，因無證據證明曾有其他人出面主張非陳茂盛、陳期賢所種植，被告坦認知道「綠竹筍」是告訴人所種，因此可認陳茂盛、陳期賢早在被告設置電動鐵捲柵門前之96年6月間即已占有耕作系爭土地之事實。再依其等告訴

意旨指訴之事實即被告「將系爭土地據為己有…於100年間將告訴人在該土地上栽種之龍眼砍除…至無法繼續耕作」，從形式觀察，其等對於系爭土地原持有支配關係，因遭被告侵奪、排除受有侵害，屬犯罪之直接被害人，自得為告訴甚明。

四、至於被告辯稱其設置電動鐵捲柵門後，陳茂盛、陳期賢無法進入系爭土地，因而喪失對該土地之事實上管領力，依國有非公用不動產出租管理辦法」、「各機關經管國有公用被占用不動產處理原則」等規定，國有財產署南投分署如於出租前實地勘查，即可明瞭陳茂盛、陳期賢2人非現使用人，自不得出租予陳茂盛、陳期賢；又陳茂盛、陳期賢承租土地，係為了阻止被告日後依法向國有財產署辦理承租之目的，故依行政法及民法，該租約均違法無效；且陳茂盛、陳期賢及國有財產署南投分署人員涉及共同偽造文書刑責等節，既未提出相關法院確定判決供參，本院認此主張僅屬被告個人法律意見而已，國有財產署南投分署即便未依管理辦法要求之程序「勘查」現狀，此是否屬作業瑕疵？縱屬瑕疵，是否足使該上開租約歸於無效？（依下述被告於99年增高原有護岸，經實地測量結果護岸外土地部分均為番子寮溪行水範圍，而第699-9地號土地為農牧用地，但有部分係番子寮溪行水範圍）又陳茂盛、陳期賢2人與國有財產署訂立租約，難謂非合法權利之行使，其等搶先於被告承租是否可認為濫用權利？租約即屬無效？有何事實可認其等涉及共同偽造文書刑責？本院認為，徒憑被告所述情由，均非無疑，亦不影響本院前開就本件業經陳茂盛、陳期賢合法告訴之認定。

貳、證據能力之說明：

一、被告以外之人於審判外之言詞或書面陳述，除法律有規定者外，不得作為證據，為刑事訴訟法第159條第1項所明定。查本件告訴人陳茂盛、陳期賢及證人林永松於檢察事務官詢問

時所為之言詞陳述，均為被告以外之人於審判外所為之言詞陳述，被告於原審表示「如法律規定無證據能力者，否認證據能力」（見原審卷第53頁）、復經被告之選任辯護人（已解除委任）於本院準備程序中主張無證據能力（見本院卷第28頁），經核此部分陳述均無法定傳聞法則例外情形，依前開規定均無證據能力。

二、關於卷附「南投縣南投地政事務所複丈成果圖」（見原審卷第73頁），被告主張此係原審法官以勘驗為名行搜索之實所得，依「毒樹毒果理論」無證據能力（見本院卷第28頁）云云。然查：

㈠由法律面而言，刑事訴訟法第212條規定「法院或檢察官因調查證據及犯罪情形，得實施勘驗」，同法第213條第1款、第6款則分別規定：勘驗，得為⑴履勘犯罪場所或其他與案情有關係之處所、⑹其他必要之處分。換言之，勘驗為證據方法之一，依同法第219條規定：第127條（軍事上應秘密之處所，非得該管長官允許不得搜索）、第132條（得用強制力，但不得逾必要程度）、第146條至第151條（夜間搜索或扣押之限制與例外、在場權之保障及暫時中止搜索應將處所閉鎖看守）及第153條（囑託他法院或檢察官搜索扣押）等規定，於勘驗準用之，可見刑事訴訟法規定對於處所之「勘驗」是對犯罪場所或相關處所客觀環境、狀態之認識作用，專由法官（或檢察官）行之，與搜索、扣押乃針對證據之保全，得由司法警察（官）執行，兩者尚有不同。從而，因訴訟過程之需要，應否實施勘驗、勘驗時是否為必要之處分，法院本得審酌情形自由決定，非必本於當事人之聲請；且既得施以強制力，亦非當事人所能拒卻，均屬法院職權裁量之事項。何況，依刑事訴訟法第128條之2第1項規定「搜索，除由法官或檢察官親自實施外…」文義觀之，可知法官亦得因保全證據而親自實施搜索，殊難想像法官有何假借「勘驗

」而行「搜索」之必要？因此，本案豈有被告主張「原審法官以勘驗為名行搜索之實」之違法可言？

(二)其次，從實質面而言，本案偵查時因南投地方法院檢察署僅由檢察事務官於105年4月1日會同地政人員等至現場履勘，經被告拒絕相關人員進入致未能實地施測，嗣函請行政院農業委員會林務局農林航空測量所提供空照圖，因地政機關亦無從僅依空照圖套繪計算被告實際占用之各筆土地面積，故案件起訴後於105年10月18日原審行準備程序時，檢察官聲請鑑定（應為勘驗）被告竊佔位置、範圍及面積（見原審卷第53頁背面），原審法官乃定於106年1月23日9時30分，前往第699-9、699-10地號土地實施勘驗，並先行依刑事訴訟法第219條準用第150條第1項前段、第3項規定，通知當事人即檢察官、被告依法得在場之人到場，使其等能在場見聞，並為必要之陳述（依最高法院94年度台上字第4929號判例意旨，此勘驗時之「在場權」為被告在訴訟法上之基本權利之一），俾勘驗過程及結果得以昭公信。惟因被告在場但拒絕開啟進入第699-9、699-10地號土地之唯一入口即下述之電動鐵捲柵門，原審法官遂命鎖匠協助啟動電動鐵捲柵門電源，將電動鐵捲柵門開啟至可供通行之寬度後進入實施勘驗（原審判決記載其命鎖匠開門之法律依據為刑事訴訟法第213條第6款，惟本院認為此為使用強制力，法律依據為刑事訴訟法第219條準用同法第132條），並將勘察、體驗所得結果，依同法第42條、第43條法定程式製作勘驗筆錄，並命其在場之人簽名、蓋章或按指印，惟被告拒絕簽名等情，有原審送達證書（見原審卷第64頁）、勘驗筆錄（見原審卷第71頁）各1份在卷可佐，原審並依刑事訴訟法第213條第6款規定指揮到場警員拍攝現場會勘照片（見原審卷第81至114頁）、囑託南投地政事務所測量人員施測現狀製作複丈成果圖（見原審卷第73頁），本院審核原審實施勘驗，有確定犯罪事

實之必要，要無濫用裁量之情，且依法踐行之程序，無違法不當可言，故本於該合法勘驗所取得之證據（含勘驗筆錄、現場會勘照片、複丈成果圖）自有證據能力，被告徒憑己意指摘該次勘驗違法，所得證據依「毒樹毒果理論」無證據能力云云，自非可採。

三、除前二項所述無證據能力及有證據能力之證據外，本判決下列用以認定被告犯罪事實所憑之供述或非供述證據，均未據當事人就證據能力有所爭執，被告亦未於本院言詞辯論終結前聲明異議（他卷第73頁所示照片2張含說明，經本院於106年5月12日行準備程序時提示，被告表示無意見），本院審酌各該證據作成及取得，無違法或不當取證，或證據力顯然過低之瑕疵，且均與本案之待證事實有關，認作為證據適當，均有證據能力。

乙、實體方面：

壹、認定犯罪事實所憑之證據及理由：

一、訊據被告固不否認於上揭時、地設置電動鐵捲柵門、僱工加高混凝土護岸；在複丈成果圖所示區域栽種喬木、灌木、地毯草，及挖掘滯洪池之事實，惟矢口否認有何竊佔犯行，辯稱：伊將臨馬路之農路設置柵欄管制人車進出，係為保障自身住家安全，為權利之合法行使，非竊佔之手段，系爭第699-9、699-10地號土地是附近土地最低窪的部分，伊加高混凝土護岸後，在周圍種植樹木、設置滯洪池，防止土石流失，合乎水土保持，並非為了私益，被告並無竊佔的犯意云云。然查：

㈠被告及其配偶林美雲於96年9月14日以林美雲之名義購入第699、699-3、699-4、699-5地號等4筆土地後，在其上興建農舍供經營「雙流休閒民宿」及住家使用一節，迭據被告肯認無誤，並有土地登記謄本4份（見他卷第46頁至53頁）及本院依職權下載之「雙流休閒民宿」網頁資料（本院卷第55

至57頁）附卷可憑，此部分事實堪先認定。

㈡而第699-9、699-10地號土地與上開第699、699-4地號土地相毗鄰，恰位於番子寮溪及其支流分流夾角之處，有上開複丈成果圖及地籍圖謄本（見他卷第11頁）附卷可憑外，並有前開現場會勘照片在卷可查，該第699-9、699-10地號土地，原為未登記土地，係因告訴人陳茂盛、陳期賢為辦理承租，乃於100年6月23日到國有財產署一併申請登錄，於100年9月14日編號第一次登記為國有，由國有財產署管理，其中第699-9地號土地為農牧用地，面積523平方公尺；第669-10地號土地則為水利用地，面積127平方公尺等情，亦經本院依告訴人前開所述及土地登記謄本所載認定如前，因此系爭第699-9、699-10地號土地，對被告而言確屬他人之不動產，實無疑問。

㈢被告先後於99年間，分別雇工在坐落第699-5地號及相毗鄰未登錄土地上設置電動鐵捲柵門、在第699-10地號土地上即番子寮溪及其支流分流處之原1公尺30公分至1公尺65公分高之護岸以混凝土加高至2公尺80公分、3公尺（即分別加高1公尺50公分、1公尺35公分）；繼於99、100年間在坐落第699-9、699-10地號土地栽種10棵喬木、沿該2筆土地護岸旁栽種成排灌木、並在其上栽種地毯草等情，除被告所設置之電動鐵捲柵門部分坐落在未登記土地一節（農路部分亦坐落未登記土地），係因原審於106年1月16日囑託南投地政事務所複丈後始由被告知悉之事實外，其餘事實亦據被告坦認不諱（見他卷第35至36頁、第70至71頁；原審卷第16頁、第29至32頁），並經原審勘驗現場、囑託南投地政事務所測量、指揮南投縣政府警察局南投分局警員拍攝現場會勘照片等證實無誤，分別製有勘驗筆錄（見原審卷第71頁）及上開複丈成果圖及勘驗照片70張在卷可憑，復有被告105年9月19日答辯狀檢附之現場照片6張（見原審卷第40頁至43頁）可資對

照，參之被告於偵查中自承：「…因為他們沒辦法進來，因為我設鐵門在我的土地上…（問：這二筆土地【指第699-9、699-10地號土地】是水利地？）是。」（見他卷第36頁）、「…（問：路樹是你何時種植？）99、100年間是我種的。是種在第699-10地號上，我種植時知道那是水利地，是國有的；（問：告訴人所說的毀損龍眼、綠竹筍、香蕉是你破壞嗎？如何破壞？）我有交代怪手要小心不要挖到龍眼樹，結果他不小心挖到，那是99年的事…後來第699之9、之10變成低窪地，下雨慢慢積水綠竹筍跟香蕉都是淹水死掉…（問：你的堤防做在哪個地號？）在第699-10地號…我在做堤防時就知道那是水利地，是國有的；（問：你設置鐵捲門、挖水池、種路樹之前有無鑑界？）有。我96年買地時就鑑界了；（問：你挖掘水池之前，該土地原先狀態？）…還有兩叢綠竹筍，我當時挖水池知道是告訴人種的；（問：（做堤防時有無向縣政府申報水土保持計劃？）沒有」等語（見他卷第70至71頁），堪認被告為上開行為時俱已明確知悉第699-9、699-10地號土地非其所有、原有他人種植之綠竹筍、龍眼樹、香蕉等作物，有他人耕作之事實。而因被告設鐵捲柵門管制，告訴人無法進入，嗣被告未經任何人之同意，擅自僱工在第699-10地號土地上之原有護岸增加高度；無意間將告訴人種植之龍眼樹剷除，在第699-9、699-10地號土地栽種喬木、灌木、地毯草；嗣在第699-9地號土地上挖掘滯洪池，挖掘前土地上尚有告訴人種植之兩叢綠竹筍等情，亦堪是認。

㈣就本案卷附照片綜合觀之（包括告訴人所提出之照片，見他卷第39至40頁；被告檢附之照片，見原審卷第40至42頁；及前開會勘照片），堪認被告加高護岸、種樹植草、挖掘滯洪池等等行為所費不貲，被告於原審供稱伊自費3、40萬元（見原審卷第16頁、第31頁）堪可採信。準此，被告自費數十

萬元，卻在「他人」之土地上加高護岸、種樹植草、挖掘滯洪池，原始之動機或目的究竟為何？不免引人好奇。就此，被告固於原審供稱因系爭土地位於番子寮溪與其支流分流之處（呈夾角狀），原有護岸過低，雨水沖刷會導致土石流失，春夏季節毒蛇易沿溪流河床侵入，影響住家安全；加高護岸後，系爭土地地勢較低，自然形成窪地，雨勢大時有滯洪作用，雨水長時間累積在滯洪池內有將池水補注地下土壤之效果，防止地層下陷，故其將護岸加高、沿護岸種植喬木、灌木，設置滯洪池，均為了水土保持（見原審卷第16頁、第29至30頁）等語。然依卷附之地籍圖顯示，第699-9、699-10地號土地恰處番子寮溪與其支流分流夾角位置，除有部分未登記之畸零地外，下方俱為被告與其配偶經營「雙流休閒民宿」之用地（即第699、699-3、699-4、699-5地號土地），應無爭執。再從現場照片整體觀察，第699-9、699-10地號土地確為附近土地較低窪之處，因此當被告加高護岸後，固不能否認具有防止豪大雨時，番子寮溪水暴漲由護岸較低處倒灌流入致系爭土地土石流失之效果，或避免春夏季節毒蛇沿溪流從該處（護岸較低處）侵入之可能。惟第699-9、699-10地號土地如土石流失嚴重，連鎖反應下之直接結果係殃及被告其配偶經營「雙流休閒民宿」土地；而防止毒蛇沿溪流侵入，對於第699-9、699-10地號土地原耕作使用而言，並無實質防止利益可言，但對於被告其配偶經營「雙流休閒民宿」並住家而言，則具有維護生命安全之重要意義。是被告加高護岸之主要受益者，乃被告及其配偶，應無疑問。反之，被告加高護岸後，因第699-9、699-10地號土地確為附近土地較低窪之處，雨勢較大時自然排水不能順勢從原護岸較低處（形成缺口）流入番子寮溪，即造成被告上開所稱「自然形成窪地，雨勢大時有滯洪作用」之結果，換言之，原來由告訴人陳茂盛、陳期賢用來耕作之土地，卻變成

「雙流休閒民宿」之滯洪池，土地上原由告訴人種植之綠竹筍、香蕉都因積水淹死，業據被告供認無誤，已如前述，故而被告加高護岸之結果，恰恰與成語「以鄰為壑」無異，所謂滯洪作用、水土保持之唯一受益者仍為被告及其配偶。再者被告在護岸邊栽種喬木10顆、灌木圍籬及地毯草等，是否有確切有利於國土保安及自然保育雖乏證據論斷，但從被告整體作為而言，是有防止系爭土地土石流失之效果。而其栽種之喬木樹種、樹齡，及地毯草均與其「雙流休閒民宿」栽種之喬木樹種、樹齡，及地毯草幾乎一致，整體視覺、景觀上系爭土地與「雙流休閒民宿」融為一體，幾無明顯區隔，有前開現場會勘照片可證。若謂現場所謂農路盡頭地上所設之白色水泥墩（見原審卷第107頁下方照片）及複丈成果圖上所示滯洪池旁之水泥駁坎（見原審卷第109頁）均為被告設置與系爭土地之間隔，惟被告若無竊佔系爭土地之犯意，是其栽種喬木、灌木、地毯草及挖掘滯洪池後所謂水土保持之目的已達，當無繼續維持系爭土地上景觀整齊之必要，且應架設相當高度之護欄作為彼此土地之明顯區隔或設置警告標誌，禁止遊客進入系爭土地方屬正舉，惟依原審勘驗現場所見，其上之喬木、灌木、地毯草、滯洪池並無雜亂情形；而由被告所提之現場照片（見原審卷第42頁）更見滯洪池面水光粼粼，竟無枯枝落葉漂浮，倒影清晰可見，池畔一叢輪傘莎草青綠、大小岩石錯落有致，地毯草高度一致，間無雜草竄出參差之情，一片幽靜之山光水景，非人工造景所不可得，亦足認被告平時定期整理、悉心維護此「他人」之土地。縱被告設有白色水泥墩、水泥駁坎，猶見被告有意將其時時悉心維護之系爭土地上景致，納為其「雙流休閒民宿」整體景觀之一部，讓入住遊客在視覺上及景觀上無違合之感，因此被告即便設有白色水泥墩、水泥駁坎，均不能作為被告有利之認定。此外，前開滯洪池坐落位置並非全然在第669-

9地號上，部分位於第669地號上，有複丈成果圖在卷可憑，益見被告在挖掘滯洪池時所考慮者為「雙流休閒民宿」之整體景觀一致，並非全然囿於土地界址。另本院依職權從網路下載「雙流休閒民宿」網頁（見本院卷第55至57頁）顯示，被告對外宣稱介紹「園區佔地約2300餘坪」等語，然依上開699、699-3、699-4、699-5地號等4筆土地之登記面積計算結果，總計面積約為2061坪（計算式：【2524＋1238＋1577＋1475】×0.3025＝2061.2），猶不足其所宣稱之2300餘坪，但加計系爭699-9、699-10地號土地登記面積合計約197坪（計算式【523＋127】×0.3025＝196.6），再加上其他未登記土地面積，始符合被告宣稱之「雙流休閒民宿」佔地面積，因此可見被告對外宣傳上猶將系爭第699-9、699-10地號土地面積併計入「雙流休閒民宿」整體面積之內，之一部，從而被告所辯其加高護岸、種樹植草、挖掘滯洪池等行為，均基於水土保持之公益，悉無為了個人私益云云，並不可採。

㈤尤有其者，被告明知第699-9、699-10地號土地，係以番子寮溪支流護岸旁之原農用道路作為唯一對外聯絡道路，乃告訴人進入第699-9、699-10地號土地農耕之必經之路。惟被告在原農用道路起始處，於99年間設置電動鐵捲柵門（見複丈成果圖a-b線），若未經其同意者均不能入內，已經被告自承無誤。被告固於本院辯稱此舉係為管制人車出入，保障自身住家安全（見本院卷第38至39頁），然查被告張貼於雙流休閒民宿外之公告載明「本民宿為私人住所，除預約住宿外，不得進入。二、非經許可擅自闖入者，為侵入住居罪之現行犯，將立即逮捕送辦」等語（見他卷第79頁下方、第80頁所示照片），並原審法官偕同測量人員依法勘驗時仍不得其門而入等情觀之，縱被告否認以設置電動鐵捲柵門作為竊佔系爭土地之手段，但畢竟被告設置電動鐵捲柵門後，事實

上已造成告訴人無從進入土地耕作，其等對系爭土地之管領支配關係遭限制剝奪之結果，此見被告上開於偵查中供稱「…因為他們沒辦法進來，因為我設鐵門在我的土地上…」等語自明，而被告將該土地與「雙流休閒民宿」視為同一整體，未經其同意者不能入內，當已建立新的管領支配關係甚明。承前所述，被告加高護岸、種樹植草、挖掘滯洪池均為自己及其配偶經營「雙流休閒民宿」之利益，則被告剝奪告訴人等管領支配關係，建立新的管領支配關係時，有為自己及其配偶不法利益之意圖，及竊佔之故意至為灼然。而竊佔罪為即成犯，於其竊佔行為完成時犯罪即成立，以後之繼續竊佔乃狀態之繼續，而非行為之繼續（最高法院66年度台上字第3118號判例意旨參照），是被告竊佔時間之認定，係於99年間某日設置電動鐵捲柵門，不讓告訴人進入系爭土地之時，其後加高護岸、種樹植草、挖掘滯洪池等，則是推知被告自始基於個人及其配偶之私益，就已然形成管領支配下之具體作為而已。

㈥就被告竊佔面積之認定，被告於99年間竊佔系爭土地時，尚未編號登記，自無從查知當時之土地面積。然本院參以卷附106年1月16日施測之複丈成果圖說明4.「（圖示）cd線為水溝邊駁坎，部分佔用第699-10土地」等語及圖示駁坎係呈夾角狀環繞番子寮溪及其支流並現場會勘照片顯示駁坎外為番子寮溪及其支流（溝渠）等情，堪認複丈成果圖所示駁坎外之第699-9、669-10地號土地實際上是番子寮溪及其支流（溝渠）範圍，而駁坎內之土地才是被告實際佔用之範圍。換言之，第699-9、699-10地號土地登記面積合計650平方公尺，並非全然遭被告所竊佔，其實際竊佔面積合計僅448平方公尺（【地毯草區域】117＋30＋【滯洪池】301＝448）。

㈦至被告於原審辯稱其為避免在外觀上有將土地歸於自己實力支配之嫌疑，未如告訴人2人般栽種水果、竹筍等有收穫實

益之作物，且其在國有土地上栽種樹木、草皮，該樹木等即構成國有土地之一部分，屬國家所有，被告既非所有權人，自無任何支配權利云云（見原審卷第31至32頁）。然竊佔罪係以意圖為自己或第三人不法之利益，而竊佔他人之不動產為其構成要件，行為人有無構成竊佔罪應審認行為人主觀上是否具有意圖為自己或第三人不法利益，及竊佔之故意，客觀上有無將他人不動產置於管領力支配之下而論，有無為了收穫天然孳息而種植作物固可據為判斷依據，但非絕對，因竊佔罪為即成犯，如本院前開所述被告於99年間設置電動鐵捲柵門，不讓告訴人進入系爭土地，將系爭土地視作「雙流休閒民宿」之一部時，已同時剝奪告訴人之事實上管領力，並建立自己之管理支配關係，竊佔罪已經成立，至於其嗣後才雇工加高護岸、植樹種草、挖掘滯洪池，均為犯罪狀態繼續中之行為，足認竊佔罪之成立與否與被告栽種之植物無必然關係，亦與植物所有權歸屬如何、是否成立民法上「無因管理」均無關連，是被告此部分所辯，不足採信。

㈧前已述及，被告設置電動鐵捲柵門之位置（即複丈成果圖所示a-b連線），部分坐落在未登記土地上；現場農路（複丈成果圖所示A部分），亦有小部分坐落在未登記土地上（未測量面積），有複丈成果圖附卷可憑。被告於偵查時自承於96年購地時有鑑界（見他卷第71頁）、電動鐵捲柵門係坐落在第699-5地號土地上、農路為前地主所設，伊購地時已有（見同卷35頁），是被告對於電動鐵捲柵門、農路有部分坐落在未登記土地上等事實，當係於原審施測後閱覽該複丈成果圖後始知悉，準此，被告設置電動鐵捲柵門禁止告訴人進入時，成立竊佔第699-9及669-10地號土地實際面積448平方公尺之犯行，但因不具該電動鐵捲柵門、農路部分坐落在他人所有土地之認識，而同有竊佔之犯行（故被告於本案辯論終結後具狀申請測量此部分未登記土地面積，本院認無必要

），此部分檢察官並未起訴，且與有罪部分無實質上或裁判上一罪之關係，自不在本院審理範圍；另被告設置電動鐵捲柵門禁止告訴人進入時，成立竊佔犯行後，復將原已坐落在699-10地號土地上之護岸，雇工加高，乃犯罪狀態繼續中之行為，非竊佔犯行繼續，均附此敘明。

二、綜上所述，被告上開所辯均不足憑採，其設置電動鐵捲柵門禁止告訴人進入時，竊佔實際面積448平方公尺之系爭土地，作為其與配偶所經營之「雙流休閒民宿」之一部，事證明確，犯行至堪認定，應依法論科。

貳、論罪科刑及撤銷原判決之理由：

㈠核被告所為，係犯刑法第320條第2項之竊佔罪，按同條第1項規定之刑處罰之。

㈡前已論及竊佔罪為即成犯，竊佔行為完成時犯罪即成立，之後繼續竊佔乃狀態之繼續，而非行為之繼續，此與繼續犯之犯罪完成須繼續至行為終了時為止不同。查檢察官起訴之事實係被告「…為經營民宿之用，竟意圖為自己不法之利益，於99年間某日，在上開農用道路出入口設置電動鐵門1座，禁止陳茂盛、陳期賢通行，復於104年12月間某日，在A地上挖掘滯洪池1座，在B地上種植路樹6株…」等語，而本院亦認99年間某日設置電動鐵捲柵門，不讓告訴人陳茂盛、陳期賢進入系爭土地，即將實際面積448平方公尺範圍，視作「雙流休閒民宿」之一部時，同時剝奪告訴人之事實上管領力，並建立自己管領支配關係，竊佔罪已經成立，故被告挖掘滯洪池、種植樹木之行為，乃犯罪狀態之繼續，則起訴意旨所指被告「復於104年12月間某日，在A地上挖掘滯洪池1座，在B地上種植路樹6株」，並非犯行之繼續實施，亦無關於犯罪罪數，附此敘明。且被告於99、100年間，栽種喬木、灌木、地毯草等情，亦僅為被告竊佔罪已經成立後，體現其對竊佔範圍管領支配關係之作為，縱於社會觀念上有數行為

，亦無庸論以接續犯。

(三)原判決認被告犯刑法第320條第2項之竊佔罪，罪證明確予以論罪科刑，固非無見。惟(1)關於被告竊佔土地面積，原判決認定被告係將第699-9及669-10地號土地全部土地面積（合計650平方公尺）置於其管領支配之下，然依本院前開所述，第699-9及669-10地號實際由被告管領支配之面積僅合計448平方公尺，其餘部分即駁坎外區域實際上是番子寮溪及其支流（溝渠）範圍，當然不在被告管領支配下，原審遽以2筆土地登記面積為被告竊佔土地範圍，認定事實自有違誤；(2)竊佔罪為即成犯，對同一土地竊佔，自不可能有2個以上的犯罪時間，故原判決認定被告犯罪時間為99年間施作駁坎、設置電動鐵捲柵門禁止通行、於99年、100年間栽種喬木、灌木及地毯草，至遲於99、100年竊佔云云，亦有未洽；(3)基於同上理由，原審判決誤論檢察官起訴被告於104年12月雇工挖掘滯洪池之行為，應不另為無罪之諭知；另被告於99年、100年間栽種喬木、灌木及地毯草，應論以接續犯及說明檢察官僅就被告在第669-10地號土地上種植路樹6株竊佔部分提起公訴，乃一部起訴及於全部云云，均有不當；(4)又科刑時應審酌犯罪之動機、目的及所生之損害、被告犯後態度等事項為科刑輕重之標準，刑法第57條第1、9、10款分別定有明文，原審既採信被告因認上開護岸有一段設置過低，雨水沖刷導致第699、669-4地號土地土石流失及毒蛇易沿河床侵入民宿之動機及目的，而有本件竊佔犯行，惟量刑審酌部分隻字未提；又誤認被告竊佔面積為650平方公尺，超出被告實際占有範圍而為量刑之基礎，均有不當。另被告於99年間某日為竊佔行為時，所侵害者乃告訴人陳茂盛、陳期賢對系爭土地之事實上管領力，若依卷附財政部國有財產署自行收納款項收據所示告訴人補繳補償金之金額，按被告實際竊佔面積推算，告訴人所受損害及被告所得利益（詳如

後述）尚非至鉅，被告於原審訴訟過程中，因恐遭判刑之疑慮，堅持個人法律見解或有若干不理性之舉措，原審因而認定被告「目無法紀、犯後態度惡劣，惡性非小」，恐言過其實。被告於本案土地上加高護岸、種植喬、灌木、地毯草及構築滯洪池等作為，對於國有土地之水土保持涵養，難認無所裨益，原審未詳予審酌，遽判處被告有期徒刑10月，當有過重失衡。綜上，被告雖執前詞，否認犯罪，提起上訴求為撤銷改判，為無理由，然原判決既有上開可議之處，無從維持，應由本院予以撤銷改判。爰審酌被告無前科紀錄，素行良好，曾任職法官、地方法院院長職務，職司審判工作20餘年，風評尚佳，退休後與其妻購地經營「雙流休閒民宿」之生活狀況，因自認告訴人無權占用系爭土地，種植綠竹筍、龍眼、香蕉等，有礙其民宿整體景觀；又逢豪大雨時，番子寮溪水暴漲由前開護岸較低處倒灌流入，可能導致第699、699-4地號土地土石流失、春夏季節毒蛇沿溪流由該處侵入，有居住安全之顧慮等動機及目的，其認占用水利地的情形在鄉下地方甚為常見，致未能思慮「天地之間，物各有主，苟非吾之所有，雖一毫而莫取」之基本觀念，故有此犯行，其竊佔面積合計448平方公尺，被告迄未返還土地予管理機關之犯後態度。又衡酌告訴人既已取得承租權利，得透過民事訴訟請求返還土地或賠償其等損害，被告在所竊佔土地上加高護岸、植樹種草、挖掘滯洪池，相較於告訴人於本院準備程序中所稱欲取回土地種植香蕉、薑、芋頭、青菜等，被告所為應更有利於國土保安、水土涵養及自然保育等一切情狀，量處有期徒刑4月，並諭知易科罰金之折算標準。

參、沒收部分：

㈠被告行為後，刑法關於沒收之規定已於104年12月30日修正公布，並自105年7月1日施行。依新修正刑法第2條第2項規定，有關沒收俱適用裁判時之法律即修正後規定，而無新舊法

比較問題，合先敘明。

(二)無權占有他人土地，可能獲得相當於租金之利益，乃社會通常之觀念，則被告竊佔第699-9、699-10地號國有土地而未繳付土地使用費，獲得相當於租金之不當得利，即屬犯罪所得。惟被告實際占用第699-9、699-10地號土地面積分別為418、30平方公尺，以有利於被告之計算方式即依告訴人繳納101年6月至12月第699-9、699-10地號土地使用補償金（見他卷第22至23頁）分別為315元、77元（523、127平方公尺）計算，則應分別年繳504（計算式：315× 418/523× 2＝503.5）、36（77× 30/127× 2＝36.3）元，估算被告竊佔第699-9、699-10地號土地時間算至本判決宣判日約為6年，應繳納之國有土地使用補償金應為3240元（計算式：【504＋36】× 6＝3240），且部分款項國有財產署已命告訴人補繳，可見被告犯罪所得利益低微，若予宣告沒收或追徵，恐有過苛之虞，且如予沒收或追徵恐徒增執行上之人力物力上之勞費，欠缺刑法上之重要性，爰依刑法第38條之2第2項之規定，不予宣告沒收或追徵其價額。

(三)被告在第699-9、699-10地號土地栽種之喬木、灌木、地毯草；加高之護岸及構築之滯洪池，依法均已屬土地之一部，同屬國有，無從沒收，附此敘明。

肆、本案辯論終結當日（106年10月11日），次於同年10月13日，被告分別具狀聲請再開辯論及調查證據，前者述及被告另外占用未登記土地（即前述電動鐵捲柵門及農路部分）面積應囑託南投地政事務所測量；後者，則請求本院函向行政院農業委員會水土保持局派員鑑定被告在上開土地上之作為是否有利於水土保持等語，查本院均已就被告主張部分論述理由如前，核無調查之必要，附此敘明。

據上論結，應依刑事訴訟法第369條第1項前段、第364條、第299第1項前段、刑法第320條第2項、第1項、第41條第1項前段，刑

法施行法第1條之1第1項、第2項前段，判決如主文。

本案經檢察官林綉惠到庭執行職務。

中　華　民　國　　106　　年　　10　　月　　25　　日

刑事第六庭　審判長法官　姚　勳　昌

法　官　許　冰　芬

法　官　王　邁　揚

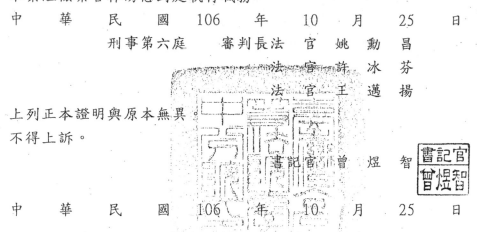

上列正本證明與原本無異。

不得上訴。

書記官　曾　煜　智

中　華　民　國　　106　　年　　10　　月　　25　　日

附錄本案論罪科刑法條：

中華民國刑法第320條

意圖為自己或第三人不法之所有，而竊取他人之動產者，為竊盜
罪，處5年以下有期徒刑、拘役或5百元以下罰金。

意圖為自己或第三人不法之利益，而竊佔他人之不動產者，依前
項之規定處斷。

前二項之未遂犯罰之。

三、
法官係披著法袍之禽獸，豬狗不如

　　筆者接獲二審判決有罪並確定之判決後，氣憤異常，乃於106年11月15日書寫聲明書，指摘王邁揚、許冰芬及姚勳昌枉法裁判，係披著法袍之禽獸，豬狗不如，茲全文照登如下：(一)本人於96年9月以妻名義……（見附件7）

附件7

本人強烈譴責台中高分院法官王邁揚、許冰芬、姚勳昌枉法裁判，係披著法袍之禽獸，豬狗不如，其行徑如下：

一、本人於96年9月以妻名義購買南投縣名間鄉番子寮段，一塊三面為番子寮溪及其支流包圍之農地，地號為699-3、699-5、699、699-4。於著手開發後，陳茂盛、陳棋賢宣稱在二溪匯流處之水利地(如附圖A、B所示、面積為448平方公尺，扣除護岸及斜坡面，可用面積僅約4、50坪，且該地為袋地，除經過本人配偶所有且經合法申請許可之農路外，無任何對外通行之道路)上之二叢竹筍、一棵龍眼樹為渠等所種植，向本人索取該水利地之使用權利金50萬元，本人不從。

二、因A地堤防有缺口長達17公尺，即缺口處與兩端堤防比較，高度不足1.5公尺，本人乃於99年自費僱工補齊堤防高度，並依水土保持法施作護岸栽種高、低木及草皮後，陳茂盛等竟自溪底架設簡易木梯爬上三公尺高堤防種植香蕉數株，並於100年申請將該水利地登錄為國有，並編列地號為699-9、699-10。嗣於103年陳茂盛等向國有財產署以現使用人之身分申租耕作，租期自103年9月1日起至112年12月31日止，惟事實上渠等全未耕作，任令荒蕪。至104年12月，本人見該地廢耕已久，各類藤蔓、雜草，尤其是有"綠癌"之稱的小花蔓澤蘭四處蔓延，影響自然生態及毗鄰之本人果園，乃僱工清除。陳茂盛等遂以本人在所有農路入口設置柵欄，妨害渠等承租之權利，向南投地檢署提告竊佔罪，檢察官起訴後，南投地院判處本人有期徒刑一年，經本人上訴後，台中高分院改判有期徒刑四月，案號為106年度上易字第471號，歡迎國人上網查看這些畜牲法官是如何污衊本人、作賤自己、糟踏司法，並歡迎媒體朋友來現場看司法的獸行。核該三隻豬狗不如法官，係犯刑法第124條之枉法裁判罪及第310條之誹謗罪，本人已依法提告。

聲明人：蕭廣政
106年11月15日於南投雙流休閒民宿。
（本人原任職花蓮地院法官兼院長，於94.11.1退休）

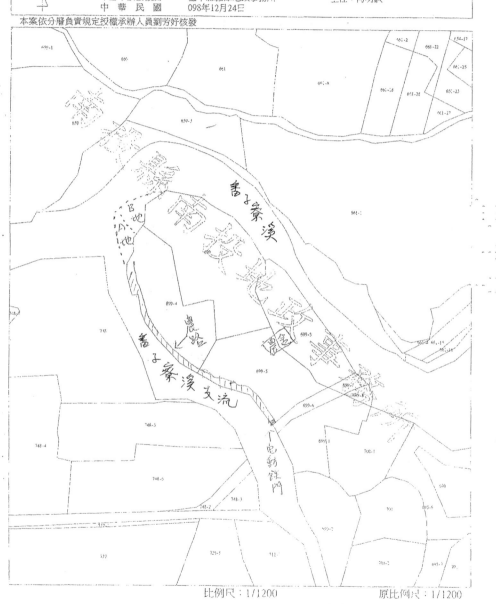

地籍圖謄本

南投電謄字第051618號

土地坐落：南投縣名間鄉番子寮段699、699-3、699-4、699-5地號共4筆

本謄本與地籍圖所載相符（實地界址以複丈鑑界結果為準）

北

資料管轄機關：　南投縣南投地政事務所
本謄本核發機關：　臺中縣雅潭地政事務所　　　　主任：何明欽
中　華　民　國　　　098年12月24日

本案依分層負責規定授權承辦人員劉芳妤核發

比例尺：1/1200　　　　　　　　　原比例尺：1/1200

臺中縣雅潭地政事務所謄本用紙

達賴喇嘛說過：「慈悲心可以簡單地定義為一個人心中沒有暴力、傷害或掠奪的想法。也可以說是一種精神狀態，期望眾生能擺脫痛苦。慈悲心是一種承諾、責任，是對眾生的尊重。」「我真正相信的是慈悲心是人類存活的基礎，也是生命的真正價值所在。缺少了這一點，生命的基本價值就消失了。能夠深刻體會別人的感受，就是愛與慈悲的基礎。」（見時報出版《快樂——達賴喇嘛的人生智慧》一書，第七章〈慈悲的價值與益處〉）孟子也說：「人之異於禽獸者幾希，庶民去之，君子存之。」意思是，人啊，其實和動物沒什麼大的區別，只有一點區別，但這一點區別，很多人丟棄了，只有少數人保存下來。這一點是什麼？答案是「教養」。孟子又說：「飽食、暖衣、逸居而無教，則近於禽獸。」意思是說，當人吃飽了，穿暖之後，整天閒來無所事事，混吃等死，這種人其實和禽獸差別就不大。所以人生在世需要一些教養，需要一些浸潤靈魂的東西，需要一些內在精神力量，需要自我驅動去做一些有意義的事情。但是如果物質上已經達到孟子所說的「飽食、暖衣、逸居」，卻還是「無教」，也就是沒有教養，人活得就和禽獸沒有差別了。

　　名譽或榮譽指的是一個人在學校、團體或社會上所獲得的評價，直接關係到一個人的學校、團體或社會地位、信譽、信用。在傳統社會上，名譽可以用來評斷一個人的性格特質是否能反映誠實、尊重、正直、公正的價值觀。因此，古今中外，莫不重視名譽。德國諺語有「高尚的人重視榮譽勝過生命。」莎士比亞說：「無瑕的名譽是世間最純粹的珍珠。」英國諺語有「名譽為人的第二生命」的說法。西班牙人則說：「失去朋友甚於失去財產，而失去名譽則毀了一生。」姚勳昌、許冰芬、王邁揚三人，身為位高權重的法官，理應平亭曲直、捍衛人權，卻不思此圖，竟勾結罪犯，枉法裁判，誣指筆者竊占，嚴重妨害筆者之名譽。按豬可提供肉食，狗則有看門或撫慰人心之作用，渠等三人坐領人民的納稅錢，卻做此卑鄙、下流、無恥、齷齪之事，摧殘人權，破壞公平正義莫此為甚，故為披著法袍之禽獸，豬狗不如，應遭受國人最嚴厲之譴責。

四、
不良法官有兩種，一是恐龍，一是畜牲

　　網路「隨意窩日誌」討論恐龍法官有兩種，其歸納為「不食人間煙火」的笨蛋法官，和「食了太多人間煙火的壞蛋法官」。文章認為這些年來恐龍判決層出不窮，引起社會不安和不滿，大家也紛紛質疑法官的素養，認為做出這些恐龍判決的恐龍法官是不食人間煙火、社會經驗不足、人生歷練不夠，所以才會做出這些恐龍判決，相信恐龍判決中是有一些源自這個原因，不過除此之外，應該是還有其他原因，也就是「食了太多的人間煙火」，也就是「有關係就沒有關係，沒有關係就有關係」，這就令人不寒而慄了。

　　文章又認為根據《論司法改革》（台北市法友社印行）一書第164頁，國立台灣大學法律學系及研究所教授陳榮宗博士說：「……尤其在一般老百姓心目中，如果法院有事，他去找律師的時候，他選擇律師的標準不是看別的，他是先問問這個律師與法官的私人交情是如何，跟檢察官有沒有認識，選擇關係來確定選擇律師來做辯護人，為什麼會這樣？這個顯然看得出一般老百姓心目中已經對法官、檢察官獨立工作的信心沒有了，也就是要靠關係特權，才能得到法官給當事人想要得到的，這種現象在先進國家沒有，沒有人在選擇律師前，要打聽這種關係，但是我們台灣社會特別盛行，這顯示法官和檢察官有問題，律師的地位無形中就變成了專門搞後門。」

　　民國94年9月14日超級電視台吳淡如所主持的《淡說無妨》談話性節目主題「司法黑幕醜聞大公開」，知名記者董智森說：「應當調查一次曾經擔任過法官的律師，他們的終審判決是否是戰無不勝，攻無不克？」從陳榮宗博士及董智森記者之言，可知恐龍判決有一個可能原因就是來自恐龍法官和律師間的人際關係，這很可怕，這些恐龍法官很厲害，他們要某一造贏，他們是可以寫得出一堆要某一造贏的心證理由，他們要某一造輸，也可以寫得出一堆要某一造輸的心證理由，對恐龍判決不服者，真的一點辦法都

沒有，如果你向法院申訴，法院一定會祭出「法官獨立審判，任何機關或個人均不得干涉，非司法行政所得處理」這「恐龍司法遮羞布」，如果你向監察院陳情，你最後一定會接到一件監察院監察業務處匿名簽辦祕書「經查本案前經本院請○○法院參處，並函復台端在案，宜請參考該復函意旨，復請查照」的制式函件（並且還蓋上了「院長王建煊」的「橡皮圖章」），司法的內控，外控機制全部嚴重失靈，而欽點司法院長及監察院長的馬英九總統的「改革列車」也不知開到哪裡去了？還是說已經拋錨了？「有關係就沒關係，沒關係就有關係」的惡習歪風將會繼續存在（只要收賄的證據不要被抓到，恐龍法官都不會有事，於是「食了太多人間煙火」的恐龍法官吃香喝辣，養小三、玩骨董，真是快活得不得了，而未來恐龍判決當然還是會繼續出現的（只是很多恐龍判決，根本沒有機會被媒體報導出來），嗚呼哀哉。

筆者按「恐龍法官」為台灣社會產生的名詞，意指司法界「活在恐龍時代」的法官，取材自遠古的草食性恐龍對現實反應緩慢的刻板印象。所以「恐龍法官」或係社會歷練不足，致法律感情與人民認知差距過大，或是法律專業不足，導致法律適用與證據認定不當的問題，這是屬於司法官養成教育缺失所產生的層次問題，因此立法委員鄭運鵬將不適任法官分為「恐龍法官」和「失貞法官」，後者指操守有問題的法官，如收受賄賂、枉法裁判等。此種分類筆者認為較明確區隔不適任法官的屬性，惟「失貞法官」用語太封建、太文言、太保守，筆者認為應改為「畜牲法官」，較貼切，且名實相符，符合「俗又有力」的要求。

五、
最毒婦人心？女法官的狠毒不遑多讓

　　竊占罪是屬於二審判決後即告確定的案件，也就是二審判決後即確定，不得再行上訴。筆者係法律人，要對該枉法裁判的二審判決提出救濟，唯有提出再審之聲請乙途，知之甚詳。筆者乃於106年11月14日依法提起再審之聲請，內文詳列再審之理由共8點，文字長達約3000字。案件分由法官張靜琪、高文崇、李雅俐三名合議審理。茲循例將聲請再審書狀載明如下：

　　〔引用聲請再審書狀〕（見附件8）

聲請再審 狀

案　　號	106 年度 上易 字第 471 號	承辦股別	
訴訟　標的 金額或價額	新臺幣		元
稱　　謂	姓名或名稱	依序填寫：國民身分證統一編號或營利事業統一編號、性別、出生年月日、職業、住居所、就業處所、公務所、事務所或營業所、郵遞區號、電話、傳真、電子郵件位址、指定送達代收人及其送達處所。	
受判決人	蕭廣政	國民身分證統一編號（或營利事業統一編號）： （均詳卷） 性別：男／女　生日：　　　職業： 住：南投縣名間鄉仁和村山腳巷23-7号 郵遞區號：　　　電話： 傳真：049-2734463 是否聲請『案件進度線上查詢服務』： （聲請本服務，請參考網址：http://cpor.judicial.gov.tw） □否 ☑是（以一組E-MAIL為限） 電子郵件位址：	

0006115(第一頁)

一、刑事訴訟法第421條規定：「不得上訴於第三審法院之案件，除前條規定外，其經第二審確定之有罪判決，如就足生影響於判決之重要證據漏未審酌者，亦得為受判決人之利益，聲請再審。」

二、原審判決以受判決人蕭慶政，明知建子寮段699-9、699-10地號國有土地（原為未登錄地，於100年9月14日經陳茂盛、陳期賢申請始編列地號）上原有他人陳茂盛、陳期賢種植之綠竹筍、龍眼樹、香蕉等作物，且該地縱屬袋地，但耕作之人長年可沿繞原有農用道路（即受判決人之妻所有699-5、699-4地號土地臨溪之農路）進出，受判決人為了維護其所經營「双流休閒民宿」整体景觀一致性、防止毒蛇侵入民宿及此鄰上開國有地之699、699-4所有土地土石流失等私益之動機及目的，在農用道路入口設置電動鐵捲柵門，禁止未經同意者隨意入內，使陳茂盛等

000636（第二頁）

管領能力遭限制剝奪。受判決人又於前開699

-10地號上原1公尺餘高之堤防(護岸)，僱工以

鋼筋混凝土加高至約3公尺，以與兩端堤防

等高，旁邊再栽種喬木、地毯草，並沿該二筆

土地護岸栽種成排灌木。嗣陳茂盛等主張其為

系爭699-9、699-10地號土地之原始占有人，而向國

有財產署辦理承租，其中699-9地號土地(面積

523平方公尺)由國有財產署放租予陳茂盛等耕作

(租賃期間自103年9月1日起至112年12月31日止)，

陳茂盛等為宣示其等有合法租賃關係存在，乃

從舊子寮溪架梯攀爬方式進入上開土地種植香

蕉數株。受判決人另於104年12月間僱工在699-9

地號土地上挖掘滯洪池(面積301平方公尺)，陳

茂盛等要求受判決人賠償未果，遂提起告訴，

計受判決人合計竊佔699-9地號土地418平方公尺

，竊佔699-10地號土地面積30平方公尺。

三、惟查原審認定國有財產署放租與陳茂盛等耕作

(第三頁)

之土地為699-9地号，不包括699-10地号，而認定受判決人竊佔699-9地号侵害陳茂盛等承租之權利，另一方面又認定受判決人竊佔699-10地号土地部分，面積為30平方公尺，兩者顯然歧異，此項足生影響於判決之重要證據，原審顯然未詳予調查審酌，合先敘明。

四、699-5、699-4地号旁邊臨溪之農路，大部分均在699-5、699-4地号土地範圍內，而此鄰溪邊之農路少部分是未登錄國有地，惟兩者均係受判決人於購買699-3、699、699-5、699-4等地号土地時，一併向前手所買受，而受讓土地之占有，依民法第940條、第943條第1項、第765條及第790條，受判決人自得在農路入口設置栅欄管制人車進出，並禁止他人侵入上開土地內。原審竟認為此舉剝奪陳茂盛等之管領國有地之能力，而為竊佔罪之手段云云，完全忽視上開民法有關所有權能之規定

000637（第四頁）

亦係足生影响於判決之重要證據漏未審酌。

五、陳茂盛等既無可供通行之道路至承租之699
-9号國有地，此在民法上屬於「給付不能」
，該租賃契約為不能履行，依最高法院52年
台上字第518号判例，自屬无效。又權利之行
使，不得違反公共利益，或以損害他人為主要
目的，民法第148條第1項定有明文。又查權
利之行使，是否以損害他人為主要目的，應就
權利人因權利行使所能取得之利益，與他人及
國家社會因其權利行使所受之損失，比較權衡
以定之。倘其權利之行使，自己所得利益極少
而他人及國家社會所受之損失甚大者，非不得視
為以損害他人為主要目的，此乃權利社會化之
基本內涵所必然之解釋，最高法院71年台上
字第737号判例闡述甚明。上開國有地上之
綠竹筍二棵、龍眼一棵，縱係陳茂盛等或其
祖先所種植，不僅數量極少，且依受判決人

（第五頁）

留存之現場照片所示，種植地區雜草叢生，礫石滿佈，根本未曾照顧，難有任何收穫，而香蕉數株則是受判決人於99年間在699-10地號上補肯堤防缺口後，陳茂盛等從舊子寮溪架梯攀爬方式進入系爭土地所種植，由於缺乏照料以及水位逐漸上升，也全然枯死。尤其是有"綠癌"之稱的小花蔓澤蘭，因具優勢之無性繁殖能力，快速且大量生長的狀況下，常導致其他植物遭受覆蓋吸收不到充足的陽光而死亡，此時毗鄰上開國有地之受判決人果園即成為最大的受害者，如果不予全面性的清除，烜不勝煩，永無寧日。受判決人遭起訴後，系爭土地地上物即保留原貌，未予更動，因而其上小花蔓澤蘭之生長狀況又與受判決人於104年12月僱工清理前一模一樣。該等證據只要調取陳茂盛等承租之契約書以及履勘現場即可明瞭，惟原審卻不願調查審酌，此項

(第六頁)

缺漏自足以影响判決。

六、按刑法第320條第2項之竊佔罪，其主觀上有竊佔他人不動產之故意，意即行為人需有排除他人對不動產持有之認識與意欲而實施其行為，且需具備所謂不法利益之意圖，再者客觀上需有竊佔之行為，即排除他人對不動產之持有而為自己或第三人取得該不動產之持有行為。台南高分院97年度上易字第244號判決可資參照。受判決人於99年補育堤防缺口暨完成護岸工程前，對於系爭國有地上原有之綠竹筍二叢並未有任何更動行為，仍保持原貌，反而陳茂盛等二人於護岸工程完工後，如原審認定：「為宣示其等有合法租賃關係存在，乃從蚵子寮溪架梯攀爬方式進入上開土地種植香蕉數株。」受判決人對渠等並未有任何阻撓或破壞之行為，為陳茂盛等人所不否認，其後至104年12月間，受判決人見系爭土地上

（第七頁）

之作物，或乏人照料，或遭水淹而枯死，且小花蔓澤蘭快速繁殖，盤據整個國有地上，又不斷漫延受判決人之果園，因此認定陳茂盛等二人已無耕作之意願，乃僱工清除，已如上述，而工程完工後，受判決人亦未有任何利用之行為，如種植作物或養殖魚蝦等。陳茂盛等二人本身不願意繼續在系爭土地上耕作，反而指控受判決人霸佔，真是豈有此理。

七、原書又謂受判決人自費新台幣 3、40萬元，補齊堤防高度施作護岸，在其上裁種喬木、灌木、地毯草及挖掘滯洪池後，所謂水土保持之目的已然達成，若非為「双流休閒民宿」之整体視覺景觀，豈有必要定期整理、悉心維護，而令系爭土地並無雜亂情形。且滯洪池並非全然坐落在699-9地号上，部分位於受判決人之妻 669地号上，益見受判決人施作駁崁（原書誤為挖掘滯洪池）時所考

（第八頁）

慮者為「双流休閒民宿」整体景觀之一致性，而受判決所經營民宿之網頁，全稱「園區佔地約2300餘坪」等語，而實際受判決人之妻所有土地總計面積僅2061餘坪，足見受判決人將系爭國有地併計入民宿整体以內，而有為個人之私益云云。惟查水土保持工程施作後，依法應定期維護，如除蟲、修剪、灑水等，以保持自然生態景觀，此觀水土保持法及水土保持技術規範自明，而國有非公用土地提供綠美化案件處理原則（106.6.7公布修正）第二點，亦規定：「國有非公用土地，在未處分、利用計劃前，得以不支付管理費方式同意他人以委託管理或認養方式施以綠美化、代為整理維護環境。」足見國有非公用土地之綠美化係國家既定之政策，綠美化後優美的環境由國人共享，原判決疏未注意上開法規，而認定受判決人

（第九頁）

所為水土保持工程發之綠美化行為，係為
私益云云，亦係足生影响於判決之重要證據
漏未審酌。至於滯洪池有部分係位於受判
決人之妻699地号上，反可證明受判決人願意
將所有私人土地作公益使用，毫无任何私心
可言。

八. 為此依首揭規定於法定期間內聲請再審
，並請求鈞院裁定停止刑罰之執行。

此致

（第十頁）

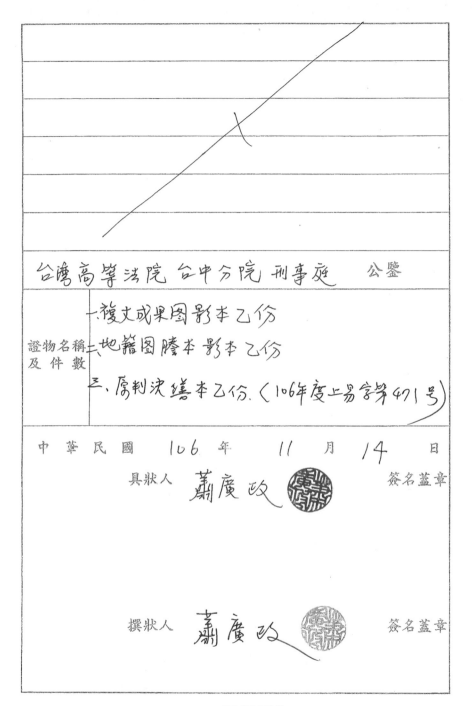

台灣高等法院 台中分院 刑事庭　公鑒

證物名稱
及 件 數

一、複丈成果圖影本乙份
二、地籍圖謄本影本乙份
三、原判決繕本乙份. （106年度上易字第471号）

中　華　民　國　106　年　11　月　14　日

具狀人　蕭廣政　　　簽名蓋章

撰狀人　蕭廣政　　　簽名蓋章

0002987

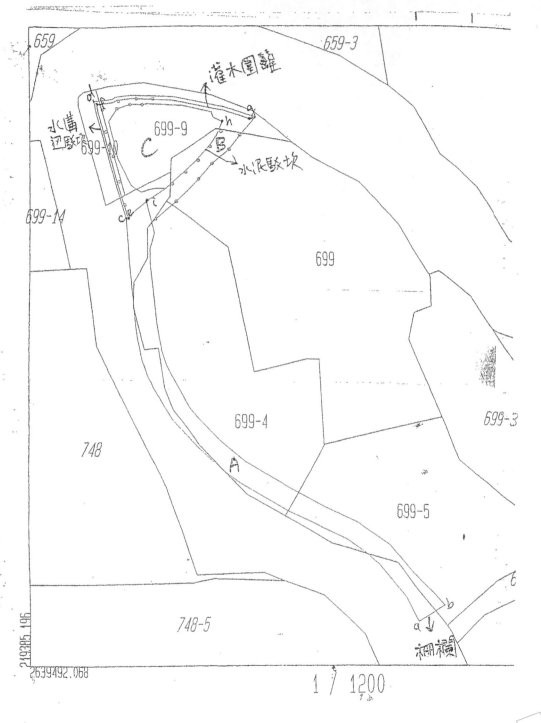

659   659-3

灌木圍籬

699-9

水溝 h

邊駁坎 699-10 C B

        水泥駁坎

699-14   c

          699

          699-4   699-3

748   A

           699-5

               b

219385.195   a

748-5   柵欄

2639492.068   1 / 1200

地籍圖謄本

南投電謄字第051618號

土地坐落：南投縣名間鄉番子寮段699、699-3、699-4、699-5地號共4筆

本謄本與地籍圖所載相符（實地界址以複丈鑑界結果為準）

北

資料管轄機關：　南投縣南投地政事務所
本謄本核發機關：　臺中縣雅潭地政事務所　　　　主任：何明欽
中　華　民　國　　098年12月24日

本案依分層負責規定授權承辦人員劉芳妤核發

比例尺：1/1200　　　　　　　　　　　原比例尺：1/1200

臺中縣雅潭地政事務所謄本用紙

101

惟筆者於107年1月中旬接獲裁定書，裁定再審及停止刑罰執行之聲請均駁回，茲將裁定書全文登載於下，供各界參考。（見附件9）

附件9

臺灣高等法院臺中分院刑事裁定

106年度聲再字第208號

再審聲請人
即受判決人　蕭廣政　男　63歲（民國　年　月　日生）
　　　　　　　身分證統一編號：
　　　　　　　住南投縣名間鄉仁和村山腳巷23之7號

上列聲請人因竊佔案件，對於本院106年度上易字第471號中華民國106年10月25日刑事確定判決（原審案號：臺灣南投地方法院105年度易字第228號；起訴案號：臺灣南投地方法院檢察署105年度偵字第2884號），聲請再審及停止刑罰之執行，本院裁定如下：

　　主　文
再審及停止刑罰執行之聲請均駁回。

　　理　由
一、本案再審聲請人即受判決人蕭廣政（下稱聲請人）因竊佔案件，對於本院106年度上易字第471號刑事確定判決（下稱原確定判決）聲請再審意旨謂以：（一）原確定判決認定國有財產署放租與告訴人陳茂盛等人耕作之土地為南投縣名間鄉番子寮段（下同）第699-9地號，不包括第699-10地號，而認定聲請人竊佔第699-9地號土地侵害告訴人陳茂盛等人承租之權利，另一方面又認定聲請人竊佔第699-10地號土地部分，面積為30平方公尺，兩者顯然歧異，此項足生影響於判決之重要證據，原確定判決顯然未詳予調查審酌。（二）第699-4、699-5地號旁邊臨溪之農路，大部分均在第699-4、699-5地號土地範圍內，而毗鄰溪邊之農路少部分是未登錄國有地，惟兩者均係聲請人於購買第699、699-3、699-4、699-5、等地號土地時，一併向前手所買受，而受讓土地之占有，依民法第940條、第943條第1項、第765條及第790條之規定，聲請人自得在農路入口設置柵欄管制人車進出，並禁止他人侵入上開土地內；原確定判決竟認為此舉剝奪告訴人

陳茂盛等人之管領國有地之能力，而為竊佔罪之手段云云，完全忽視上開民法有關所有權能之規定，亦係足生影響於判決之重要證據漏未審酌。（三）告訴人陳茂盛等人既無可供通行之道路至承租之第699-9地號國有地，此在民法上屬於「給付不能」，該租賃契約為不能履行，依最高法院52年台上字第518號民事判例，自屬無效；又權利之行使，不得違反公共利益，或以損害他人為主要目的，民法第148條第1項定有明文；權利之行使，是否以損害他人為主要目的，應就權利人因權利行使所能取得之利益，與他人及國家社會因其權利行使所受之損失，比較衡量以定之。倘其權利之行使，自己所得利益極少而他人及國家社會所受之損失甚大者，非不得視為以損害他人為主要目的，此乃權利社會化之基本內涵所必然之解釋，最高法院71年台上字第737號民事判例亦闡述甚明；上開國有地上之綠竹筍2棵、龍眼1棵，縱係告訴人陳茂盛等人或其祖先所種植，不僅數量極少，且依聲請人留存之現場照片所示，種植地區雜草叢生，礫石滿佈，根本未曾照顧，難有任何收穫，而香蕉數株則是聲請人於民國99年間在第699-10地號上補齊堤防缺口後，告訴人陳茂盛等人從番子寮溪以架梯攀爬方式進入種植，由於缺乏照料以及水位逐漸上升，也全然枯死；尤其是有「綠癌」之稱的小花蔓澤蘭，因具優勢之無性繁殖能力，快速且大量生長的狀況下，常導致其他植物遭受覆蓋吸收不到充足的陽光而死亡，此時毗鄰上開國有地之聲請人果園即成為最大的受害者，如果不予全面性的清除，煩不勝煩，永無寧日，聲請人遭起訴後，原確定判決所指聲請人竊佔之土地地上物即保留原貌，未予更動，因而其上小花蔓澤蘭之生長狀況又與聲請人於104年12月間僱工清理前一模一樣，該等證據只要調取告訴人陳茂盛等人承租之契約書以及履勘現場即可明瞭，惟原確定判決卻不願調查審酌，此項缺漏自足以影響於判決。（四）按

刑法第320條第2項之竊佔罪，其主觀上有竊佔他人不動產之故意，意即行為人需要排除他人對不動產持有之認識與意欲而實施其行為，且需具備所謂不法利益之意圖，再者客觀上需要竊佔之行為，即排除他人對不動產之持有而為自己或第三人取得該不動產之持有行為，臺灣高等法院臺南分院97年度上易字第244號刑事判決可資參照；聲請人於99年補齊堤防缺口並完成護岸工程前，對於上開國有地上原有之綠竹筍2叢並未有任何更動行為，仍保持原貌，反而告訴人陳茂盛等人於護岸工程完工後，有如原確定判決認定：「為宣示其等有合法租賃關係存在，乃從番子寮溪架梯攀爬方式進入上開土地種植香蕉數株」之行為，惟聲請人對渠等並未有任何阻撓或破壞之行為，為告訴人陳茂盛等人所不否認，其後至104年12月間，聲請人見上揭土地上之作物，或乏人照料，或遭水淹而枯死，且小花蔓澤蘭快速繁殖，盤據整個國有地上，又不斷蔓延至聲請人之果園，因此認定告訴人陳茂盛等人已無耕作之意願，乃僱工清除，已如上述，而工程完工後，聲請人亦未有任何利用之行為，例如種植作物或養殖魚蝦等；告訴人陳茂盛等人本身不願意繼續在前開土地上耕作，反而指控聲請人竊佔，真是豈有此理。（五）原確定判決又謂聲請人自費新臺幣（下同）3、40萬元，補齊堤防高度施作護岸，在其上栽種喬木、灌木、地毯草及挖掘滯洪池後，所謂水土保持之目的已然達成，若非為「雙流休閒民宿」之整體視覺景觀，豈有必要定期整理，悉心維護，而使無雜亂情形，且滯洪池並非全然坐落在第669-9地號上，部分位於聲請人之妻第669地號上，益見聲請人施作駁坎（原確定判決誤為挖掘滯洪池）時所考慮者為「雙流休閒民宿」整體景觀之一致性，而聲請人所經營民宿之網頁，宣稱「園區佔地約2300餘坪」等語，但實際聲請人之妻所有土地總計面積僅2061餘坪，足見聲請人將前揭國有地併計入民宿整體以內，

而有為個人之私益云云；惟查水土保持工程施作後，依法應定期維護，如除蟲、修剪、灑水等，以保持自然生態景觀，此觀水土保持法及水土保持技術規範自明，而國有非公用土地提供綠美化案件處理原則（106年6月7日公布修正）第2點亦規定：「國有非公用土地，在無處分、利用計畫前，得以不支付管理費方式同意他人以委託管理或認養方式施以綠美化、代為整理維護環境。」，足見國有非公用土地之綠美化係國家既定之政策，綠美化後優美的環境由國人共享，原確定判決疏未注意上開法規，而認定聲請人所為水土保持工程後之綠美化行為，係為私益云云，亦係足生影響於判決之重要證據漏未審酌。（六）至於滯洪池有部分係位於聲請人之妻第699地號上，反可證明聲請人願意將所有私人土地作公益使用，毫無任何私心可言。為此依據刑事訴訟法第421條規定，於法定期間內聲請再審，並請求裁定停止刑罰之執行等語。

二、聲請人因竊佔案件，經臺灣南投地方法院以105年度易字第228號刑事判決論以犯刑法第320條第2項之竊佔罪，處有期徒刑10月，聲請人不服上訴本院，由本院以106年度上易字第471號刑事判決（即原確定判決）將上開第一審判決撤銷，仍論以聲請人犯刑法第320條第2項之竊佔罪，改處有期徒刑4月（得易科罰金），全案因不得上訴第三審法院而告確定等情，有前開本院判決書影本及臺灣高等法院被告前案紀錄表在卷可稽（見本院卷第14至25頁），並經本院調取上開案卷全卷核閱屬實，依刑事訴訟法第426條第1項之規定，本院為再審之管轄法院；又同法第424條規定：依第421條規定，因重要證據漏未審酌而聲請再審者，應於送達判決後20日內為之，茲原確定判決書正本係於106年10月31日送達聲請人之住所，並由聲請人本人親自收受，有本院送達證書1紙附卷可稽（見本院依職權調取之本院106年度上易字第471號卷第

93頁），是聲請人於同年11月14日具狀向本院聲請再審（見本院106年度聲再字第208號卷第1頁之聲請再審狀上之本院收狀章），依前揭規定，尚未逾聲請再審之20日法定期間。

三、按聲請再審應以書狀敘述理由，附具原判決之繕本及證據，提出於管轄法院為之，為刑事訴訟法第429條所明定。此為法定程式，如有違背者，法院自應依同法第433條規定，以裁定駁回其再審之聲請。所謂敘述理由，係指具體表明符合法定再審事由之原因事實而言；所稱證據，則指足以證明再審事由存在之證據。倘僅泛言聲請再審，而未敘明具體情形，或所述具體情形，顯與法定再審事由不相適合，或未提出足以證明再審事由存在之證據，均應認聲請再審之程序違背規定。又再審及非常上訴制度，雖均為救濟已確定之刑事判決而設，惟再審係為原確定判決認定事實錯誤而設之救濟程序，與非常上訴程序係為糾正原確定判決法律上錯誤者有別，是倘所指摘者，係關於原確定判決適用法律不當之情形，核屬非常上訴之範疇，並非聲請再審所得救濟（最高法院106年度台抗字第300號刑事裁定意旨參照）。次按於104年2月4日修正公布之刑事訴訟法第420條第1項第6款，規定有罪判決確定後，「因發現新事實或新證據，單獨或與先前之證據綜合判斷，足認受有罪判決之人應受無罪、免訴、免刑或輕於原判決所認罪名之判決者」，為受判決人之利益，得聲請再審。同條第3項規定：「第1項第6款之新事實或新證據，指判決確定前已存在或成立而未及調查斟酌，及判決確定後始存在或成立之事實、證據。」此所稱「證據」，雖包含證據方法與證據資料，但析其種類，一般不出人證（含被告、共同被告與證人）、物證、書證、鑑定及勘驗等5項（最高法院104年度台抗字第183號刑事裁定意旨參照）；同法第421條關於不得上訴於第三審法院之案件，就足以影響判決之重要證據漏未審酌，得聲請再審之規定，雖然未同時配合修

正，且其中「重要證據」之法文和上揭新事證之規範文字不同，但涵義其實無異，應為相同之解釋（最高法院104年度台抗字第125號刑事裁定意旨參照）。

四、本院查：

（一）原確定判決認定該案業經告訴人陳茂盛、陳期賢合法告訴，以及聲請人確有原確定判決事實欄一部分所載於99年間某日，意圖為自己及其配偶不法之利益，基於竊佔之犯意，在沿番子寮溪支流原有公共造產即高約3公尺之混凝土牆（下稱護岸）旁原有農用道路頭，設置電動鐵捲柵門，使事實上管領第699-9、699-10地號土地之告訴人陳茂盛、陳期賢無法進入，其等事實上之管領能力遭受限制剝奪，同時建立聲請人自己之管領支配關係，合計竊佔第699-9地號土地其中面積418平方公尺、第699-10地號土地中之面積30平方公尺之竊佔犯行，而撤銷第一審判決，仍論以聲請人犯刑法第320條第2項之竊佔罪，處有期徒刑4月（得易科罰金），乃係依憑國有耕地放租租賃契約書、證人即國有財產署南投分署第二股股長林永松於第一審審理時之證述、告訴人陳茂盛、陳期賢之指述、國有土地使用補償金繳納通知書、國有財產局自行收納款項收據、繳款人收執單據、聲請人於偵審中之部分供述、土地登記謄本、雙流休閒民宿網頁資料、第一審法院囑託南投地政事務所測量人員施測現狀製作之複丈成果圖、地籍圖謄本、第一審法院指揮到場警員拍攝之現場會勘照片、第一審法院勘驗筆錄、聲請人檢附之現場照片、告訴人提出之照片、雙流休閒民宿之公告照片，以及其餘原確定判決所引用之卷內證據為其論據，並載明其所憑之理由於原確定判決理由欄甲（程序方面）之壹（詳原確定判決書第3至7頁，見本院106年度聲再字第208號卷第15至17頁）及乙（實體方面）之壹（詳原確定判決書第10至18頁，見本院106年度聲

再字第208號卷第18頁背面至第22頁背面）；且於原確定判決理由欄甲（程序方面）之壹之一項下，以及乙（實體方面）之壹之一各項下，依據卷內資料，參互勾稽判斷，另分別詳述：告訴人陳茂盛、陳期賢承租之土地係第699-9地號，因第699-10地號土地為水利地，非其等承租範圍；第699-9、699-10地號土地，對聲請人而言確屬他人之不動產；聲請人先後於99年間，分別雇工在坐落第699-5地號及相毗鄰未登錄土地上設置電動鐵捲柵門、在第699-10地號土地上即番子寮溪及其支流分流處之原1公尺30公分至1公尺65公分高之護岸以混凝土加高至2公尺80公分、3公尺（即分別加高1公尺50公分、1公尺35公分），繼於99、100年間在坐落第699-9、699-10地號土地栽種10棵喬木、沿該2筆土地護岸旁栽種成排灌木、並在其上栽種地毯草之行為時，俱已明確知悉第699-9、699-10地號土地非其所有、原有他人種植之綠竹筍、龍眼樹、香蕉等作物，有他人耕作之事實；第699-9、699-10地號土地如土石流失嚴重，連鎖反應下之直接結果係殃及聲請人其配偶經營「雙流休閒民宿」土地；而防止毒蛇沿溪流侵入，對於第699-9、699-10地號土地原耕作使用而言，並無實質防止利益可言，但對於聲請人其配偶經營「雙流休閒民宿」並住家而言，則具有維護生命安全之重要意義，是聲請人加高護岸之主要受益者，乃聲請人及其配偶；聲請人加高護岸之結果，恰恰與成語「以鄰為壑」無異，所謂滯洪作用、水土保持之唯一受益者仍為聲請人及其配偶；聲請人在護岸邊栽種喬木10顆、灌木圍籬及地毯草等，是否有確切有利於國土保安及自然保育雖乏證據論斷，但從聲請人整體作為而言，是有防止土地土石流失之效果；縱聲請人設有白色水泥墩、水泥駁坎，猶見聲請人有意將其時時悉心維護之土地上景致，納為其「雙流休閒民宿」整體景

觀之一部，讓入住遊客在視覺上及景觀上無違合之感，因此聲請人即便設有白色水泥墩、水泥駁坎，均不能作為聲請人有利之認定；滯洪池坐落位置並非全然在第669-9地號上，部分位於第669地號上，益見聲請人在挖掘滯洪池時所考慮者為「雙流休閒民宿」之整體景觀一致，並非全然圍於土地界址；聲請人對外宣傳上猶將第699-9、699-10地號土地面積併計入「雙流休閒民宿」整體面積之內，從而聲請人所辯其加高護岸、種樹植草、挖掘滯洪池等行為，均基於水土保持之公益，悉無為了個人私益云云，並不可採；縱聲請人否認以設置電動鐵捲柵門作為竊佔土地之手段，但畢竟聲請人設置電動鐵捲柵門後，事實上已造成告訴人無從進入土地耕作，其等對土地之管領支配關係遭限制剝奪之結果；聲請人將該土地與「雙流休閒民宿」視為同一整體，未經其同意者不能入內，當已建立新的管領支配關係甚明；聲請人竊佔時間之認定，係於99年間某日設置電動鐵捲柵門，不讓告訴人進入前開土地之時，其後加高護岸、種樹植草、挖掘滯洪池等，則是推知聲請人自始基於個人及其配偶之私益，就已然形成管領支配下之具體作為而已；複丈成果圖所示駁坎外之第699-9、669-10地號土地實際上是番子寮溪及其支流（溝渠）範圍，而駁坎內之土地才是被告實際佔用之範圍；換言之，第699-9、699-10地號土地登記面積合計650平方公尺，並非全然遭被告所竊佔，其實際竊佔面積合計僅448平方公尺；竊佔罪之成立與否與聲請人栽種之植物無必然關係，亦與植物所有權歸屬如何、是否成立民法上「無因管理」均無關連，是聲請人所辯其為避免在外觀上有將土地歸於自己實力支配之嫌疑，未如告訴人2人般栽種水果、竹筍等有收穫實益之作物，且其在國有土地上栽種樹木、草皮，該樹木等即構成國有土地之一部分，屬國家所有，其既非所有

權人，自無任何支配權利云云，不足採信；聲請人設置電動鐵捲柵門禁止告訴人進入時，成立竊佔第699-9及669-10地號土地實際面積448平方公尺之犯行，但因不具該電動鐵捲柵門、農路部分坐落在他人所有土地之認識，而同有竊佔之犯行（故聲請人於本案辯論終結後具狀申請測量此部分未登記土地面積，應無必要），此部分檢察官並未起訴，且與有罪部分無實質上或裁判上一罪之關係，自不在審理範圍等理由甚詳（詳原確定判決書第3至4頁、第11至18頁，見本院106年度聲再字第208號卷第15頁至同頁背面、第19至22頁背面），全案並因不得上訴第三審法院確定在案。

（二）聲請人上開如本裁定理由欄一、（一）、（六）所示之聲請意旨部分，雖均主張係依刑事訴訟法第421條再審事由聲請再審，惟觀諸聲請人此部分聲請意旨之內容大意，並未提出任何證據，僅就原確定判決本身，依憑己意，謂以：原確定判決認定國有財產署放租與告訴人陳茂盛等人耕作之土地為第699-9地號，不包括第699-10地號，而認定聲請人竊佔第699-9地號土地侵害告訴人陳茂盛等人承租之權利，另一方面又認定聲請人竊佔第699-10地號土地部分，面積為30平方公尺，兩者顯然歧異；滯洪池有部分係位於聲請人之妻第699地號上，反可證明聲請人願意將所有私人土地作公益使用，毫無任何私心可言云云。惟原確定判決於其理由欄甲之壹部分，係依憑卷內證據，先敘明告訴人陳茂盛、陳期賢承租之土地係第699-9地號，因第699-10地號土地為水利地，非其等承租範圍一情，再根據上開事實作為其認定該案程序方面業經告訴人陳茂盛、陳期賢合法告訴之其中部分理由；及於理由欄乙之壹之(四)部分，依憑卷內相關事證，詳細說明認為滯洪池坐落位置並非全然在第669-9地號上，部分位於第669地號上，益見聲

請人在挖掘滯洪池時所考慮者為「雙流休閒民宿」之整體景觀一致，並非全然囿於土地界址之理由等節，已如上述，並非如聲請人前開理由欄一、（一）聲請意旨所言，一方面以國有財產署放租與告訴人陳茂盛等人耕作之土地為第699-9地號，不包括第699-10地號為由，認定聲請人竊佔第699-9地號土地侵害告訴人陳茂盛等人承租之權利之犯罪事實，另一方面卻又認定聲請人竊佔第699-10地號部分土地，面積為30平方公尺之犯罪事實，致兩者發生歧異。聲請人此部分主張，徒係就原確定判決已取捨論斷之前開事實，片面再以個人意見重行爭執，及單憑己意另為相反之評價或質疑，以圖證明其於原確定判決法院所為有利之主張為真實。細繹聲請人此部分聲請意旨所為各項主張，其內容大意無非均在指摘原確定判決有事實與理由矛盾、採證認事與證據法則有違等判決違背法令情形，然揆之上開本裁定理由欄三前段之說明，原確定判決是否有適用法律不當之情事，核屬「非常上訴」之範圍，並非「聲請再審」所得救濟。從而，聲請人此部分所指各節，均非再審之範疇，聲請人據此聲請再審，為法所不許，是其此部分所為再審聲請之程序顯屬違背規定。

（三）聲請人前開如本裁定理由欄一、（二）、（三）、（四）、（五）所示聲請意旨部分：

1、聲請人雖提出「民法第940條、第943條第1項、第765條、第790條、第148條第1項」」等民事法規、「最高法院52年台上字第518號、71年台上字第737號」等民事判例、「臺灣高等法院臺南分院97年度上易字第244號」刑事判決、「水土保持法（聲請意旨未指出引據條文）、水土保持技術規範（聲請意旨同未指明引據內容）、國有非公用土地提供綠美化案件處理原則（106年6月7日修正公布）第2點」等行政法規暨行政規則資為所謂之「重要證據」，主

張依據上開各該證據可以證明：第699-4、699-5地號旁邊臨溪之農路，大部分均在第699-4、699-5地號土地範圍內，而毗鄰溪邊之農路少部分是未登錄國有地，惟兩者均係聲請人於購買第699、699-3、699-4、699-5等地號土地時，一併向前手所買受，而受讓土地之占有，聲請人自得在農路入口設置柵欄管制人車進出，並禁止他人侵入上開土地內；告訴人陳茂盛等人既無可供通行之道路至承租之第699-9地號國有地，屬於「給付不能」，該租賃契約為不能履行，自屬無效；又上開國有地上之綠竹筍2棵、龍眼1棵，縱係告訴人陳茂盛等人或其祖先所種植，不僅數量極少，且依聲請人留存之現場照片所示，種植地區雜草叢生，礫石滿佈，根本未曾照顧，難有任何收穫，而香蕉數株則是聲請人於99年間在第699-10地號上補齊堤防缺口後，告訴人陳茂盛等人從番子寮溪以架梯攀爬方式進入土地所種植，由於缺乏照料以及水位逐漸上升，也全然枯死；尤其是有「綠癌」之稱的小花蔓澤蘭，因具優勢之無性繁殖能力，快速且大量生長的狀況下，常導致其他植物遭受覆蓋吸收不到充足的陽光而死亡，此時毗鄰上開國有地之聲請人果園即成為最大的受害者，如果不予全面性的清除，煩不勝煩，永無寧日；聲請人遭起訴後，前開土地地上物即保留原貌，未予更動，因而其上小花蔓澤蘭之生長狀況又與聲請人於104年12月間僱工清理前一模一樣，原確定判決對於以上各情卻不願調查審酌；聲請人於99年補齊堤防缺口並完成護岸工程前，對於國有地上原有之綠竹筍2叢並未有任何更動行為，仍保持原貌，反而告訴人陳茂盛等人於護岸工程完工後，有如原確定判決認定「為宣示其等有合法租賃關係存在，乃從番子寮溪架梯攀爬方式進入上開土地種植香蕉數株」之行為，惟聲請人對渠等並未有任何阻撓或破壞之行為，為告訴人陳茂盛等人所不否認，

其後至104年12月間，聲請人見土地上之作物，或乏人照料，或遭水淹而枯死，且小花蔓澤蘭快速繁殖，盤據整個國有地上，又不斷蔓延至聲請人之果園，因此認定告訴人陳茂盛等人已無耕作之意願，乃僱工清除，而工程完工後，聲請人亦未有任何利用之行為，例如種植作物或養殖魚蝦等；告訴人陳茂盛等人本身不願意繼續在上開土地上耕作，反而指控聲請人竊佔，真是豈有此理；國有非公用土地之綠美化係國家既定之政策，綠美化後優美的環境由國人共享，原確定判決竟誤認聲請人所為水土保持工程後之綠美化行為，係為私益等事實，據此指摘原確定判決對上開各項證據未加審酌，即為不利聲請人之認定，有重要證據漏未審酌之情事，依刑事訴訟法第421條規定聲請再審。

2、惟揆之上開本裁定理由欄三後段之說明，刑事訴訟法第421條所稱之「重要證據」，係指「證據方法」與「證據資料」，所謂「證據方法」，係使事實明瞭而得利用為推理要素之物體而言，如被告之供述、人證、鑑定、文書、勘驗，即屬刑事訴訟法規定之法定證據方法；所稱「證據資料」，即從證據方法所得之推理要素，如證人之證言、鑑定人之鑑定意見、文書之內容、物證之外觀等。而從形式上觀察聲請人上開所提出之各該民事法規、行政法規及行政規則，或為法律，或為行政機關依職權發布之行政命令，按法官須超出黨派以外，依據法律獨立審判，不受任何干涉，憲法第80條定有明文，又各機關依其職掌就有關法規所發布之行政命令，法官於審判案件時，亦可予以引用，且得依據法律，表示適當之不同見解，由此可知，適用法律或行政命令本為法官之職責，無待當事人提出，故法律或行政命令自非證據；另最高法院判例，係指就最高法院之裁判，其所持法律見解，認有編為判例之必要者，依

法院組織法第57條第1項所定判例編成之程序所選編之判決先例，性質上屬於法律見解，亦非證據；至刑事判決所載之事實、理由，係法院就具體案件，綜合該案全部訴訟資料所為之判斷結果，除有刑事訴訟法第420條第2項前段所定應以確定判決證明之情形者外，該判決本身並非證據（最高法院99年度台抗字第845號刑事裁定意旨參照）。基此，聲請人此部分再審理由執前揭各該民事法規、行政法規、行政規則、最高法院民事判例、高等法院刑事判決，充作其所謂原確定判決漏未審酌之「重要證據」，依刑事訴訟法第421條規定聲請再審，已有未合。況且，原確定判決於其理由欄乙之壹之一各項下，已依憑卷內相關事證，參互勾稽判斷，分別詳細說明其認為第699-9、699-10地號土地，對聲請人而言確屬他人之不動產；聲請人先後於99年間，分別雇工在坐落第699-5地號及相毗鄰未登錄土地上設置電動鐵捲柵門、在第699-10地號土地上即番子寮溪及其支流分流處之原1公尺30公分至1公尺65公分高之護岸以混凝土加高至2公尺80公分、3公尺（即分別加高1公尺50公分、1公尺35公分），繼於99、100年間在坐落第699-9、699-10地號土地栽種10棵喬木、沿該2筆土地護岸旁栽種成排灌木、並在其上栽種地毯草之行為時，俱已明確知悉第699-9、699-10地號土地非其所有、原有他人種植之綠竹筍、龍眼樹、香蕉等作物，有他人耕作之事實；第699-9、699-10地號土地如土石流失嚴重，連鎖反應下之直接結果係殃及聲請人其配偶經營「雙流休閒民宿」土地；而防止毒蛇沿溪流侵入，對於第699-9、699-10地號土地原耕作使用而言，並無實質防止利益可言，但對於聲請人其配偶經營「雙流休閒民宿」並住家而言，則具有維護生命安全之重要意義，是聲請人加高護岸之主要受益者，乃聲請人及其配偶；聲請人加高護岸之結果，恰恰與

成語「以鄰為壑」無異，所謂滯洪作用、水土保持之唯一受益者仍為聲請人及其配偶；聲請人在護岸邊栽種喬木10顆、灌木圍籬及地毯草等，是否有確切有利於國土保安及自然保育雖乏證據論斷，但從聲請人整體作為而言，是有防止土地土石流失之效果；縱聲請人設有白色水泥墩、水泥駁坎，猶見聲請人有意將其時時悉心維護之土地上景致，納為其「雙流休閒民宿」整體景觀之一部，讓入住遊客在視覺上及景觀上無違合之感，因此聲請人即便設有白色水泥墩、水泥駁坎，均不能作為聲請人有利之認定；聲請人對外宣傳上猶將系爭第699-9、699-10地號土地面積併計入「雙流休閒民宿」整體面積之內，從而聲請人所辯其加高護岸、種樹植草、挖掘滯洪池等行為，均基於水土保持之公益，悉無為了個人私益云云，並不可採；縱聲請人否認以設置電動鐵捲柵門作為竊佔土地之手段，但畢竟聲請人設置電動鐵捲柵門後，事實上已造成告訴人無從進入土地耕作，而生對土地管領支配關係遭限制剝奪之結果；聲請人將該土地與「雙流休閒民宿」視為同一整體，未經其同意者不能入內，當已建立新的管領支配關係甚明；聲請人竊佔時間之認定，係於99年間某日設置電動鐵捲柵門，不讓告訴人進入系爭土地之時，其後加高護岸、種樹植草、挖掘滯洪池等，則是推知聲請人自始基於個人及其配偶之私益，就已然形成管領支配下之具體作為而已；複丈成果圖所示駁坎外之第699-9、669-10地號土地實際上是番子寮溪及其支流（溝渠）範圍，而駁坎內之土地才是被告實際佔用之範圍；換言之，第699-9、699-10地號土地登記面積合計650平方公尺，並非全然遭被告所竊佔，其實際竊佔面積合計僅448平方公尺；竊佔罪之成立與否與聲請人栽種之植物無必然關係，亦與植物所有權歸屬如何、是否成立民法上「無因管理」均無關連，是聲請人所辯

其為避免在外觀上有將土地歸於自己實力支配之嫌疑，未如告訴人2人般栽種水果、竹筍等有收穫實益之作物，且其在國有土地上栽種樹木、草皮，該樹木等即構成國有土地之一部分，屬國家所有，其既非所有權人，自無任何支配權利云云，不足採信；聲請人設置電動鐵捲柵門禁止告訴人進入時，成立竊佔第699-9及669-10地號土地實際面積448平方公尺之犯行，但因不具該電動鐵捲柵門、農路部分坐落在他人所有土地之認識，而同有竊佔之犯行（故聲請人於本案辯論終結後具狀申請測量此部分未登記土地面積，應無必要），此部分檢察官並未起訴，且與有罪部分無實質上或裁判上一罪之關係，自不在審理範圍之理由等節，亦均如上所述，其認定之事實雖與聲請人上開各該為有利自己所主張之事實相異而不利於聲請人，但此乃原確定判決依憑論理及經驗法則，本其自由心證對卷內證據資料予以取捨及判斷所為之結果，屬其職權之適法行使，在聲請人未提出其他新事實、新證據或發現漏未審酌之重要證據供以單獨或綜合判斷下，原確定判決上開採證論理、證據取捨及認事用法，均屬原確定判決法院依法採證之自由心證範圍。至原確定判決有無適用論理法則及經驗法則之不當、或是否有未盡調查證據義務，均核屬判決有無違背法令之情形，尚非聲請人、抑或本院於本件聲請再審程序所得置喙。故聲請人此部分所指各節，無非係以原確定判決所認定之事實為基礎，事後提出上開非屬「證據」之各項民事法規、行政法規、行政規則、法院之判例、判決等，逕對原確定判決認定不利於己之事實，單憑己意主張應如何適用法律，再就原確定判決已說明事項再行重覆爭執，或任意指摘原確定判決採證認事不當，自與刑事訴訟法第421條規定之要件不合，而無再審之理由。

3、而聲請意旨有關本裁定理由欄一、（三）雖復稱原確定判

決法院可調取告訴人陳茂盛等人之承租契約書及履勘現場，即可明瞭聲請人所指上開國有土地上作物、小花蔓澤蘭等生長情形，及聲請人遭起訴後，原確定判決所指聲請人竊佔之土地地上物即保留原貌，未予更動等情；然聲請人上開所述，難認係屬足生影響於原確定判決所認定被告有於99年間，在沿番子寮溪支流原有公共造產即高約3公尺護岸旁原有農用道路頭設置電動鐵捲柵門，使事實上管領第699-9、699-10地號土地之告訴人陳茂盛等人無法進入，其等事實上之管領能力遭受限制剝奪，同時建立聲請人自己之管領支配關係之竊佔犯行等事實之重要證據，且聲請人所指之租賃契約書，已據第一審法院調取附卷（見臺灣南投地方法院105年度易字第228號卷第130頁），又本案前業由上開第一審法院於106年1月23日履勘現場並命警拍照（見臺灣南投地方法院105年度易字第228號卷第71頁勘驗筆錄，及同卷第80至114頁）在卷，上開證據並據原確定判決法院予以調查審認，是聲請人執前詞依刑事訴訟法第421條之規定聲請再審，亦非有理由。

五、綜上所述，本案聲請人聲請再審之理由，或係違背再審程序規定，或與聲請再審要件不符，其據以聲請再審，核屬一部為不合法，一部為無理由，應予駁回。至聲請人同時聲請停止刑罰之執行部分，因聲請再審無停止刑罰執行之效力，且其聲請再審部分既經駁回，其停止執行之聲請部分亦失其依據，自應併予駁回。

據上論斷，應依刑事訴訟法第433條、第434條第1項，裁定如主文。

中　華　民　國　107　年　1　月　8　日

刑事第十二庭　審判長法　官　張　靜　琪
　　　　　　　　法　官　高　文　崇
　　　　　　　　法　官　李　雅　俐

以上正本證明與原本無異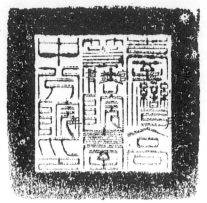
不得抗告。

中　華　民　國　　　　　年　　　　日　　8　　　日

按所謂：「人在公門好修行。」主要的原因是在公門內之地位、權力與金錢之誘惑最大，要害人或要助人也是完全在一念之間。一念善，職位越大的人做的善事也越大，幫助的人也越多；一念惡，職位越大的人做的惡也就越大，被殘害的人也就越多，因此任何擔任公職的人員都可以藉其職務來修行或接受考驗。筆者退休前擔任法官職務，雖案牘勞形，辛勞無比，然除牢記司法為正義的最後一道防線，應致力於公平正義外，尚須便民、利民、親民，譬如定庭期，通知當事人或證人等到庭，儘量斟酌渠等路途之遠近、職業之特性，以定適當之出庭時間，以免造成當事人或證人等之困擾或不便。但是筆者接獲該「再審及停止刑罰執行之聲請均駁回」之裁定後，內心訝異無比。按再審之聲請係為救濟原確定判決有無效或違法之情形而設，以糾正原判決之違誤，實現公平正義。審判長張靜琪，陪席法官及受命法高文崇、李雅俐若有一點點慈悲心、同理心，一眼即可明瞭原確定判決認定事實及適用法律完全無一正確，荒謬無比，但是再審之裁定完全未針對筆者所指摘之事項為任何調查審認，逕以陳腔濫調之辭駁回。經查審理該案之法官，其中張靜琪、李雅俐二人為女性，依一般人之觀念，女性，尤其身為人母之後，普遍容易產生母性之愛，較為仁慈、溫柔婉約，但是呈現的事實，則是她們下手的狠毒無情，遠遠超出筆者刻版印象。有人說：「最毒婦人心」，筆者不盡贊同，惟渠等之無良、狠毒，與姚勳昌、許冰芬、王邁揚三名豬狗法官是不遑多讓的。在此筆者還要暴露一事，即姚勳昌於判決後，竟於「雙流休閒民宿」官網調侃筆者，指再審及停止刑罰執行之聲請均已遭駁回，看筆者還有什麼招式可出？且其貼文之時間就在再審之訴裁定之日，其中有無弊端或不可告人之事，還望有關機關調查明白，以釋眾人之疑。

六、
司法院淪為畜牲法官之庇護所

　　司法院長許宗力於2019年7月1日發表公開信，表示要擦亮「公正廉明」的招牌。他藉著《法官法》修法後表示，司法不能只是消極等待被改革，唯有一個願意自我反省，願意做出改變來解決問題的司法，才能重新獲得全民的信任。許宗力指出，司法不會畏懼接受檢驗，接受課責，司法也不會護短，會讓少數失職的法官得到應有之懲處，因為也唯有如此，才能讓絕大多數清廉、正直、敬業的司法工作者的努力，不被少數汙點所抹殺。在此之前，在2019年4月24日立法院司法及法制委員會排審《法官法部分條文修正草案》時，邀請司法院祕書長呂太郎等官員報告並備詢時，呂太郎表示：「對於不適任法官，司法院絕對要下重手，司法院近幾年來從來不鬆手。」按依《刑事訴訟法》第241條規定，公務員於執行職務時知有犯罪嫌疑，應為告發。且司法院基於行政法規對於法官有行政監督之責，惟筆者於該竊占案判決確定後，認為本案枉法裁判事態嚴重，為了避免該等法官繼續戕害司法、迫害人權，於96年11月21日信函通知呂太郎，其內文如下：

　　（見附件10）

太郎兄：您公務繁忙，為了讓您快速地了解案情，我將預擬的新聞稿及告訴被告王邁揚、許冰芬、姚勳昌等枉法裁判等案件之刑事告訴狀繕本，各寄乙份予您。一葉知秋，見微知著，司法改革多年，竟養成了不少獨立卻為所欲為、寡廉鮮恥的怪獸，視公平正義為芻物，連有法學知識及有司法經歷的我，竟也肆無忌憚，任意橫加摧殘，何況是一般老百姓？以他們惡劣的程度，相信我絕對不是第一個受害者，如不予汰除，也不會是最後一個。司法院在致力於訴訟制度的改進，及法官選用的變革前，當務之急，應該果斷地汰除這些惡劣的不適任法官，樹立司法院的威信，否則，再多的學術會議也一事無成，只是重蹈過往司改淪為大拜拜之覆轍。

弟 蕭廣政　敬上

96. 11. 21 於南投

NANKUAN 8m/m X 32行

惟呂太郎收到信後，僅以Line回覆：「收到你的來信，十分心疼，望你多保重。」時至今日，完全未對該等枉法裁判之法官進行任何調查處理。筆者心頭頓生「上樑不正下樑歪」、「率獸食人」之感觸，司法公信力低盪到谷底，其來有自。

七、
地檢署成為犯罪中心

　　豬狗不如的法官王邁揚、許冰芬、姚勳昌三人，枉法裁判之犯行至為明確，筆者乃於106年11月14日具狀向台中地檢署為告訴，指控渠等三人觸犯刑法第124條之枉法裁判罪（見附件11），請依法提起公訴，以維法紀。

附件11

刑事告訴					狀
案　號	年度	字第		號	承辦股別
訴訟標的金額或價額	新臺幣				元
稱　謂	姓名或名稱	依序填寫：國民身分證統一編號或營利事業統一編號、性別、出生年月日、職業、住居所、就業處所、公務所、事務所或營業所、郵遞區號、電話、傳真、電子郵件位址、指定送達代收人及其送達處所。			

告訴人　蕭廣政　　國民身分證統一編號（或營利事業統一編號）：

性別：⊙男／女　生日：　　　職業：旅宿業

住：南投縣名間鄉仁和村山腳巷23-7號

郵遞區號：　　　　電話：

傳真：049－2734467

是否聲請『案件進度線上查詢服務』：
（聲請本服務，請參考網址：http://cpor.judicial.gov.tw）
☐ 否
☑ 是（以一組E-MAIL為限）
電子郵件位址：t2730170@gmail.com

被　告　王邁揚　台灣高等法院台中分院法官

被　告　許冰芬　　　　（同上）

被　告　姚勳昌　　　　（同上）

（收狀戳章）106.11.14

（第1頁）

一、按刑法第124條規定：「有審判職務之公務員或仲裁人，為枉法之裁判或仲裁者，處一年以上七年以下有期徒刑。」查被告王邁揚、許水芬、姚勳昌為台灣高等法院台中分院刑事庭法官，渠等負責審理該院106年度上易字第471号告訴人涉嫌竊佔乙案，竟不知司法為社會公平正義之最後一道防線，為枉法裁判，其犯罪事實及證據有如下述。

二、原審判決以告訴人蕭廣改（以下稱告訴人）明知番子寮段699-9、699-10地号國有土地（原為未登錄之水利地，於100年9月14日經陳茂盛、陳期賢申請始編列地号）上原有他人陳茂盛、陳期賢種植之綠竹筍、龍眼樹、香蕉等作物，且該地縱屬袋地，但耕作之人長年可沿繞原有農用道路（即告訴人之妻所有699-5、699-4地号土地臨溪之農路）進出，告訴人為了維護其所經營「双流休閒民宿」整體景觀一致性、防止毒蛇

(第二頁)

侵入民宿及毗鄰上開國有地之699、699-4所有土地土石流失等私益之動机及目的，在農用道路入口設置電動鐵捲柵門，禁止未經同意者隨意入內，使陳茂盛等管領能力遭限制剝奪，妨害渠等承租權利。告訴人又於前開699-10地号上原有1公尺餘高之堤防（護岸），僱工以鋼筋混凝土加高至約3公尺，以與兩端堤防等高，旁邊再栽種喬木、地毯草，並沿該二筆土地護岸栽種成排灌木。嗣陳茂盛等主張其等為699-9、699-10地号土地之原始占有人，而向國有財產署辦理承租，其中699-9地号土地（面積523平方公尺）由國有財產署放租予陳茂盛等耕作（租賃期間自103年9月1日起至112年12月31日止），陳茂盛等為宣示其等有合法租賃關係存在，乃從舊子寮溪架梯攀爬方式進入上開土地種植香蕉數株。告訴人另於104年12月間僱工在699-9地号土地上挖掘滯洪池（面積301平方公尺），陳

（第三頁）

125

茂盛等要求告訴人賠償未果，遂提起告訴，計告訴人合計竊佔699-9地号土地 418平方公尺，竊佔699-10地号土地面積 30平方公尺云云。

三、惟查原審判決認定國有財產署放租與陳茂盛等耕作之土地為699-9地号，不包括699-10地号，而認定告訴人竊佔699-9地号為侵害陳茂盛等承租權，另一方面又認定告訴人竊佔699-10地号土地，兩者顯然予盾，為故意栽贓之舉。又699-5、699-4地号旁邊臨溪之農路，大部分均在699-5、699-4地号土地範圍內，而此鄰溪邊之農路縱有少部分為未登錄國有地，惟兩者均係告訴人於購買699-3.699.699-5、699-4等地号土地時，一併向前手所買受，而受讓土地之占有，依民法第940條、第943條第1項、第765條及第790條，告訴人自得本於所有權能在農路入口設置柵欄管制人車進出，並禁止他人侵入上開土地內。原審竟認為此舉剝奪陳茂盛等之管

（第四頁）

領承租國有地之能力，而為竊佔罪之手段之一，係故意忽視上開民法有關所有權能之規定，嚴重偏袒陳茂盛等人，而枉法裁判。

四、陳茂盛等既無可供通行之道路至承租之699－9號國有地，此在民法上屬於「給付不能」，且為自始、客觀、完全不能，該租賃契約為不能履行，依最高法院52年台上字第518號判例，自屬無效。又權利之行使，不得違反公共利益，或以損害他人為主要目的，民法第148條第1項定有明文。又查權利之行使，是否以損害他人為主要目的，應就權利人因權利行使所能取得之利益，與他人及國家社會因其權利行使所受之損失，比較權衡以定之。倘其權利之行使，自己所得利益極少而他人及國家社會所受之損失甚大者，非不得視為以損害他人為主要目的，此乃權利社會化之基本內涵所必然之解釋，最高法院71年台上字第737號判例闡述甚明。上

（第五頁）

127

開國有地上綠竹筍兩叢、龍眼一株，縱係陳茂盛等早年或其祖先所種植，不僅數量極少，且依告訴人留存之現場照片所示，所謂「種植地區」雜草叢生，礫石遍布，陳茂盛等根本未曾照顧，難有任何收穫，其承租之舉僅係作為向告訴人索求 50萬元土地使用權利金之手段。而香蕉數株則是告訴人於99年間在699-10地號上補齊堤防缺口後，陳茂盛等從舊子寮溪底架梯攀爬 3公尺之堤防進入系爭土地所種植，由於缺乏照料及水位逐漸上升，也全然枯死。尤其是有 "綠癌" 之稱的小花蔓澤蘭，因具優勢之無性繁殖能力，快速且大量生長的狀況下，常導致其他植物遭受覆蓋吸收不到充足的陽光而死亡，此時毗鄰上開國有地之告訴人果園即成為最大的受害者，如果不予全面性的清除，煩不勝煩，永無寧日。告訴人遭起訴後，系爭土地地

（第六頁）

上物即保留原貌，未予更動，因而其上小花
蔓澤蘭之生長狀況又與告訴人於104年12月間僱
工清除前一模一樣。該等證據只要調取陳
茂盛等承租之契約書以及履勘現場即可明瞭
，惟原審卻不願為任何調查審酌，其欲入
人於罪，至為昭然。

三、按刑法第320條第2項之竊佔罪，其主觀上
有竊佔他人不動產之故意，意即行為人需有
排除他人對不動產持有之認識與意欲而實施
其行為，且需具備所謂不法利益之意圖，再
者客觀上需有竊佔之行為，即排除他人對不
動產之持有而為自己或第三人取得該不動產之
持有行為。台南高分院97年度上易字第244號
判決可資參照。告訴人於99年補脩堤防缺口
並完成護岸工程前，對於系爭國有地上原有之
綠竹筍二叢並未有任何更動行為，仍保持
原貌，反而陳茂盛等二人於護岸工程完工後

（第七頁）

，如原審認定：「為宣示其等有合法租賃關係存在，乃從舊子寮溪架梯攀爬方式進入上開土地種植香蕉數株。」告訴人對渠等並未有任何阻撓或破壞之行為，為陳茂盛等人所不否認，且陳茂盛等猶自103年9月1日起以現使用人身分承租系爭國有地，並繳清前五年使用國有地之租金，足見自99年間告訴人為補齊堤防工程後，迄104年12月間告訴人清除小花臺澤蘭等前，系爭國有地均係陳茂盛等承租使用占有。即原審判決書第六頁所記載：「從其等補繳使用費、期間之形式觀察，堪認陳茂盛、陳期賢二人至少主張其等自96年6月起占有使用系爭土地之事實」，原審一方面認定陳茂盛等自96年6月起即占有使用系爭土地，可見告訴人並未排除陳茂盛等二人之占有，惟另一方面又認定告訴人在農路入口設置柵門，「使陳茂盛等管領能力遭限制

（第八頁）

剝奪，妨害渠等承租之權利」，顯係在羅輯上存在嚴重矛盾，一個正常的司法人員若無不可告人之因素，絕對不會為此荒唐之論述，其存心枉法裁判，至為明顯。

六、原審又謂告訴人自費新台幣3,40萬元，補脊堤防高度施作護岸，在其上栽種喬木、灌木、地毯草及挖掘滯洪池後，所謂水土保持之目的已然達成，若非為「双流休閒民宿」之整体視覺景觀，豈有必要定期整理、悉心維護，而令系爭土地呈雜亂情形。且滯洪池並非全然坐落在699-9地号上，部分位於告訴人之妻所有699地号上，益見告訴人施作駁崁（原判決誤為挖掘滯洪池）時所考慮者為「双流休閒民宿」整体景觀之一致性，而告訴人所經營民宿之網頁，宣稱「園區佔地約2300餘坪」等語，而實際告訴人之妻所有土地總計面積僅2061餘坪，足

（第九頁）

見告訴人將系爭國有地併計入民宿整體以內，而有為個人之私益云云。惟查水土保持工程施作後，依法應定期維護，如除蟲、修剪、灑水等，以保持自然生態景觀，此觀水土保持法及水土保持技術規範自明，關於此點告訴人已於原審辯論狀敘述甚明，原審視而不見，顯係故為忽略。且刑法上不法之利益，一般係指財產上之不法利益，原判決將此种精神上之利益無限上綱為財產上之利益，其荒謬之程度可謂舉世罕見，此時告訴人不禁反問原審判決作此推論，究竟是圖的什麼私益？又國有非公用土地提供綠美化案件處理原則（106年6月7日公布修正）第2點，亦規定：「國有非公用土地，在無處分、利用計劃前，得以不支付管理費方式同意他人以委託管理或認養方式施以綠美化、代為整理維護環境。

（第十頁）

」足見國有非公用土地之綠美化，不但是文明社會之要求，亦係國家既定之政策，綠美化後優美的環境由國人共享。又告訴人民宿網頁所以記載園區佔地約2300坪，係買受時由土地仲介人員告知，此單純網頁之文字敘述，原判決竟亦認定為竊佔之證據，豈非文字獄所可形容？至於滯洪池有部分係位於告訴人之妻所有699地号上，反可證明告訴人願意將所有私人土地作公益使用，毫無任何私心可言。

七、綜上所述，告訴人並无竊佔之犯意及行為，原審姚勳昌、許冰芳、王邁揚法官竟扭曲事實，顛倒黑白，作完全不利於告訴人之認定，其不合情理至令人訝異，匪夷所思之程度，絜挈有枉法裁判之意圖及行為至為明確，請依法提起公訴，以維法紀。
此敬

（第十一頁）

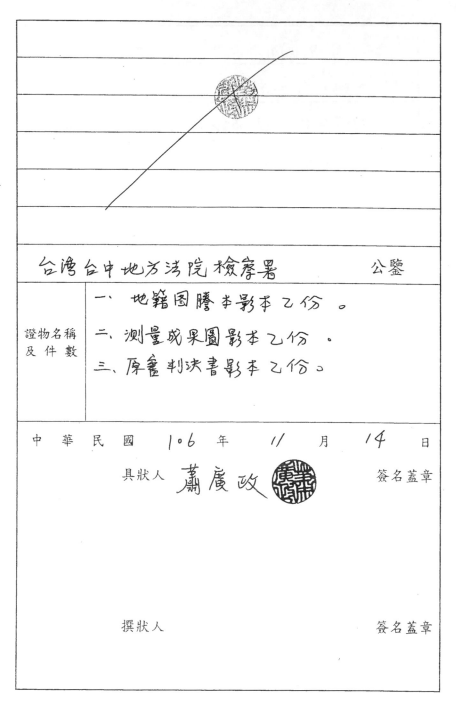

台灣台中地方法院檢察署　　　　公鑒

| 證物名稱及件數 | 一、地籍圖謄本影本乙份。
二、測量成果圖影本乙份。
三、原審判決書影本乙份。 |

中　華　民　國　106　年　11　月　14　日

具狀人　蕭廣政　　　　　　　　簽名蓋章

撰狀人　　　　　　　　　　　　簽名蓋章

000780

惟該署竟於107年3月28日以中檢宏讓106他8872字第1079005688號書函，通知：「本署106年度他字第8872號王邁揚、許冰芬、姚勳昌3人瀆職乙案，已予結案，請查照。」書函內指稱：「台端告發意旨所羅列指摘者，無非係對於被告等事實認定或法律適用之質疑，然均未能具體闡明被告等所為相關判決究係何處有故意不依法律之規定而裁判情事；是此部分顯屬係對公務員依法執行公務不服而申告，但對於構成刑責之要件嫌疑事實未有任何具體指摘，或提出相關事證或指出涉案事證所在，或屬尚無特定人涉有犯罪嫌疑，……」云云。查一個號稱摘奸發伏，維護公平正義的檢察官，竟睜眼說瞎話官官相護至難以置信之程度，堪稱台灣司法奇蹟。核該「讓」股檢察官係犯刑法第125條第一項第三款之「明知為有罪之人，而無故不使其受追訴或處罰罪。」

　　（書函見附件12）

臺灣臺中地方法院檢察署　書函

機關地址：臺中市西區自由路1段91號
傳　　真：(04)22246246
承辦人：讓股書記官
電　　話：(04)22232311 轉 5210

南投縣名間鄉仁和村山腳巷23-7號
受文者：蕭廣政 君

發文日期：中華民國 107 年 3 月 28 日
發文字號：中檢宏 讓 106 他 8872字第 1079005688號
速別：普通件
密等及解密條件或保密期限：
附件：無

主旨：本署106年度他字第8872號王邁揚、許冰芬、姚勳昌3人
　　　瀆職乙案，已予結案，請查照。

說明：

一、復臺端106年11月14日提出之告訴狀。

二、他案有下列情形之一者，檢察官得逕行簽請報結：（一）
　　匿名告發且告發內容空泛。（二）就已分案或結案之同一
　　事實再重複告發。（三）依陳述事實或告發內容，顯與犯
　　罪無關。（四）陳述事實或告發內容係虛擬或經驗上不可
　　能。（五）對公務員依法執行公務不服而申告，但對構成
　　刑責之要件嫌疑事實未有任何具體指摘，或提出相關事證
　　或指出涉案事證所在。且檢察官辦理「他」字案件，經調
　　查後，如認尚無特定人涉有犯罪嫌疑，得簽請報結，臺灣
　　高等法院檢察署所屬各地方法院及其分院檢察署辦理他案
　　應行注意事項第3點及第10點規定訂有明文。

三、按刑法第124條所謂枉法之裁判，係指故意不依法律之規
　　定而為裁判，質言之，即指明知法律而故為出入者而言，
　　最高法院29年上字第1474號刑事判例可參。經查，臺端
　　告發意旨所羅列指摘者，無非係對於被告等事實認定或法

律適用之質疑，然均未能具體闡明被告等所為相關判決究係何處有故意不依法律之規定而裁判情事；是此部分顯屬係屬係對公務員依法執行公務不服而申告，但對構成刑責之要件嫌疑事實未有任何具體指摘，或提出相關事證或指出涉案事證所在，或屬尚無特定人涉有犯罪嫌疑，依上開注意事項第 3 點第 5 款及第 10 點規定，予以簽結。另按刑法第 124 條之枉法裁判罪，係侵害國家法益之罪，縱裁判結果於個人權益不無影響，但該罪既為維護司法權之正當行使而設，是其直接受害者究為國家，並非個人，個人即非因犯罪而同時被害者，自不得提起自訴，最高法院 54 年台上字第 246 號刑事判例要旨可參。是本件臺端並非枉法裁判罪之直接被害人，所為告訴，應屬告發，併予說明。

正本：蕭廣政　君
副本：

臺灣臺中地方法院檢察署

承辦105年度易字第228號筆者竊占罪之法官陳鈴香於106年1月23日上午9時30分，以履勘為藉口，帶同檢察官劉景仁及多名南投縣警察局警員、國有財產署南投分署承辦人員、南投地政事務所測量人員、捕犬隊、告發人陳茂盛等，不顧筆者反對，強行進入筆者妻私有之農地，行強制搜索之事實，核陳鈴香、劉景仁係犯刑法第306條之無故侵入住居罪，渠等二人有犯意聯絡及行為分擔，為正同正犯，又渠等係假藉職務上之權力、機會或方法犯本罪，應依刑法第134條加重其刑至二分之一。筆者及妻乃於106年7月2日詳列事證，向南投地檢署提出刑事告訴。

　　（附件13）

刑事告訴				狀	
案　號	年度	字第	號	承辦股別	
訴訟　標的 金額或價額	新臺幣				元
稱　謂	姓名或名稱	依序填寫：國民身分證統一編號或營利事業統一編號、性別、出生年月日、職業、住居所、就業處所、公務所、事務所或營業所、郵遞區號、電話、傳真、電子郵件位址、指定送達代收人及其送達處所。			
告訴人	林美雲	國民身分證統一編號（或營利事業統一編號）： 性別：男／⊗　生日：　　　職業： 住：南投縣名間鄉仁和村山腳巷 　　23-7号 郵遞區號：　　　　電話： 傳真：(049) 2734463 是否聲請『案件進度線上查詢服務』： （聲請本服務，請參考網址：http://cpor.judicial.gov.tw） ☐ 否 ☑ 是（以一組E-MAIL為限） 電子郵件位址： 送達代收人： 送達處所：			
告訴人	蕭廣政	國民身分證統一編号： 男性、生日　　　　職業：農 住南投縣名間鄉仁和村山腳巷 23-7号			
被　告	劉景仁	台灣南投地方法院檢察署檢察官			
被　告	陳鈴香	台灣南投地方法院法官			

001919

一、查南投縣名間鄉菖子寮段699、699-3、699-4、699-5地号土地均為告訴人林美雲所有，而699-9、699-10地号之國有地東南面與告訴人林美雲所有上開699及699-4地号土地相毗鄰，其他二面係深達三公尺左右之菖子寮溪及菖子寮溪支流，該國有地係典型之袋地，並無對外通行之道路，此有南投地政事務所106年1月水日投地二字第1060000686号函所附複丈成果圖可稽。詎被告陳鈴香承辦台灣南投地方法院105年度易字第228號告訴人蕭廣改竊佔乙案時，明知告發人陳茂盛等二人根本無法使用該國有地，渠等竟以"現使用人"之身分向財政部國有財產署南投分署承租，該租貸契約係偽造文書行政不法所取得，且如附件所示複丈成果圖，該699-9、699-10地号

000624

國有地唯一對外通行之農路大部分均在告訴人林美雪所有699-5、699-4地号土地範圍內，而該農路面臨馬路出口處，告訴人林美雪、蕭廣政早於民國99年間興建農舍時，為了維護住家安全，設置柵欄（如複文成果圖 a 至 b 處）禁止閒雜人等進出。被告竟於106年1月23日上午9時30分，以履勘為由，帶同多名南投縣警察局警員、國有財產署南投分署承辦人員、南投地政事務所測量人員、該案告發人陳茂盛等二人及被告劉景仁，不顧告訴人蕭廣政強力反對、阻止，竟命鎖匠開啟柵欄強行進入告訴人林美雪私有之農地，並穿越長達130公尺之農路進入該699-9、699-10地号國有地勘驗。

二、按刑事訴訟法第3條規定：「本法稱當事人者謂檢察官、自訴人及被告。」又同

法等214條第1項:「行勘驗時,得命證人、鑑定人到場。第2項規定:「檢察官實施勘驗時,如有必要,得通知當事人、代理人或辯護人到場。」此皆有嚴謹之規定,實施訴訟程序之公務員自應遵守。查告發人陳茂盛僅係 699-9地是國有地」之非法承租人,不是自訴人,也非告訴人,更非證人。且告訴人蕭廣改於上開竊佔案內,早已在答辯狀內敘明與告發人陳茂盛等二人間瓜葛,希望勘驗時不要令告發人在場,惟事務官、法官均不遵守上開刑事訴訟法之規定,亦不在乎告訴人蕭廣改懷疑其執法之公平性,執意令告發人陳茂盛等到場。且勘驗,依刑事訴訟法第219條,固準用第127條、132條、146條至151條及第153條搜索程序之規定,惟告訴人蕭廣改被指為犯罪之場所為699

000626

－9、699-10地号國有地，此有南投地方法院刑事庭傳票可稽，該地距離告訴人林美雪所有農路入口有130公尺遠，被告劉景仁、陳鈴香到達告訴人林美雪經營之民宿大門口時，勘驗行為並未開始，告訴人蕭廣政自無所謂抗拒勘驗之行為，而有刑事訴訟法第132條所定準用搜索之規定，被告劉景仁、陳鈴香二人是以勘驗為藉，行強制搜索告訴人林美雪、蕭廣政住居所，其違法犯行至為明確。且告發人陳茂盛等二人依上開規定，並非證人、鑑定人，依刑事訴訟法第214條規定，不得在場，但被告陳鈴香竟任令渠等無故侵入告訴人林美雪、蕭廣政之住居所，核被告二人所為，係犯刑法第306條之無故侵入住居罪，渠等有犯意聯絡及行為分担，為其同正犯。

000627

143

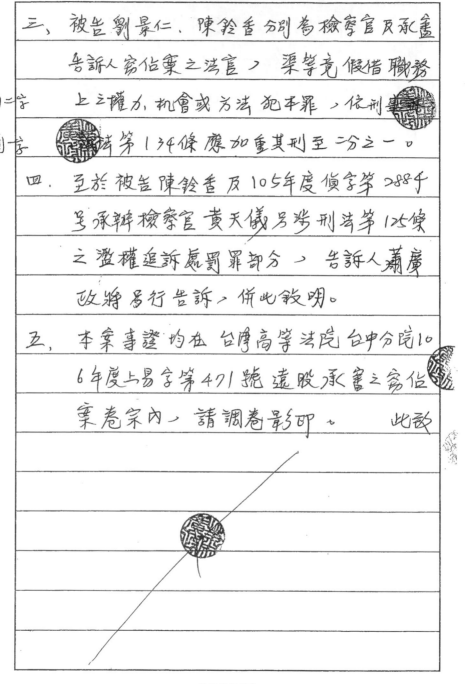

三、被告劉景仁、陳鈴香分別為檢察官及承審告訴人竊佔案之法官，渠等竟假借職務上之權力、机會或方法犯本罪，依刑事法第134條應加重其刑至二分之一。

四、至於被告陳鈴香及105年度偵字第288千号承辦檢察官黃天儀号涉刑法第125號之濫權追訴處罰罪部分，告訴人蕭廣政將另行告訴，併此敘明。

五、本案事證均在台灣高等法院台中分院106年度上易字第471號遠股承審之竊佔案卷宗內，請調卷影印。　此致

000628

畜牲法官以及陳師孟的嘴臉 ──── 144

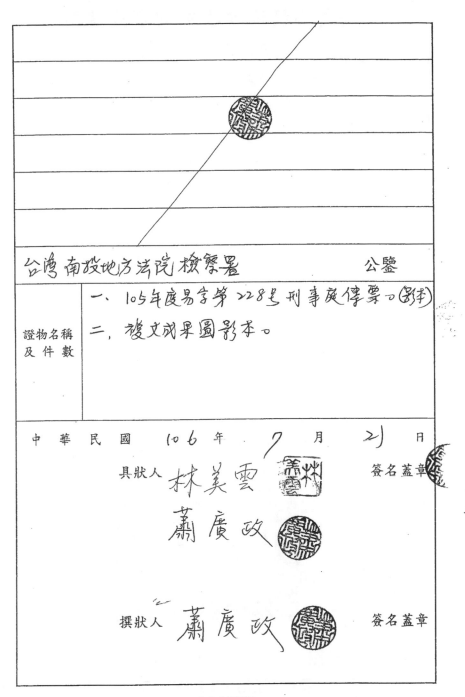

台灣 南投地方法院 檢察署		公鑒
證物名稱 及件數	一、105年度易字第228号 刑事庭傳票。(影本) 二、複文成果圖影本。	

中 華 民 國 106 年 7 月 21 日

具狀人　林美雲 [印]　　　　　　　签名蓋章

　　　　蕭廣政 [印]

撰狀人　蕭廣政 [印]　　　　　　　签名蓋章

臺灣南投地方法院刑事庭傳票

法院電話：049-2242590　　分機：1255　　　股別：翔股

被傳喚人 姓　名 地　址	郵遞區號：551 住南投縣名間鄉仁和村山腳巷23之7號 被告　1　蕭廣政					
案　　號	105年度易字第228號					
案　　由	蕭廣政　竊佔					
被傳喚人 性　別	男	被傳喚人 年　齡	62	被傳喚人 出生地		被傳喚人 特　徵	
應　到 時　間	民國106年1月23日 上午09時30分		應　到 處　所	南投市中興路759號 本院．　　　現場		
待證之 事　由	履勘地址：南投縣名間鄉番子寮段第 699-9、699-10地號土地		備　註	履勘		
			附　記	被告具原住民、低、中低收入戶身分 且欲聲請指定辯護者，應提出戶籍資 料或政府核定之相關文件到院查核。		

| 注
意
事
項 | 一、被告無正當理由不到場者，得命拘提。
二、證人受合法傳喚，無正當理由而不到場者，法院得以裁定科新臺幣3萬元以
　　下罰鍰，並得拘提，再傳不到者，亦同。
三、被傳喚人出庭應訊時，請儀容整齊，並應攜帶國民身分證及此傳票準時報到。
　　此傳票不收任何費用，如提出書狀應記明案號、股別。
四、被告或自訴人如有新證物提供調查，請攜帶到院；如有新證人請求調查，務
　　請查明姓名、住址，以便傳喚。
五、證人得請求　　　　　　　　　　　　　　　　　　書記官索取「日旅費申
　　請書兼領據　　　　　　　　　　　　　　　　　結或證言者，不在此限）。
六、如遇颱風等　　　　　　　經法院所在地之直轄市　　市政府宣布停止辦公時，
　　請勿來院。
七、訴訟案件應　　　　　　　　　　　　　　　　　　請即撥電話049-2242346
　　號向本院檢　　　　　　　　　　　　　　
八、訴訟程序如　　　　　　　明事之處，請向本院　　　　　問，電話為049-2242590
　　轉1273。
九、本院已提供　　　　　　　及開庭進度之　　　　　關資訊請至本院網站
　　(http://　　　.judicial.gov.tw)查　 |

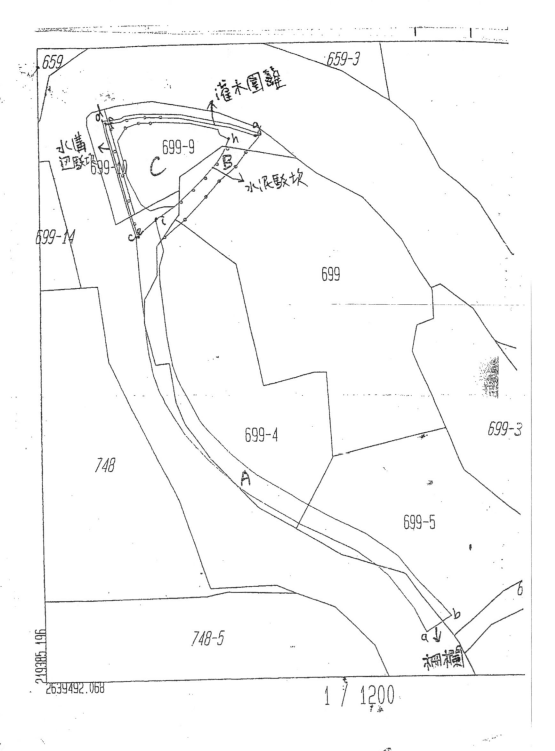

659

659-3

灌木圍籬

水溝
迎駁坎

699-9

699-10

C

h

B

水泥駁坎

699-14

699

d

c

a

699-4

A

748

699-3

699-5

6

b

a

柵欄

748-5

1 / 1200

2639492.068

2193B5.196

147

詎南投地檢署承辦檢察官吳宣憲對於筆者指摘被告劉景仁、陳鈴香犯罪之事實及證據全未調查審認,即於107年1月26日以投檢蘭愛106他1031字第1079902055號函,通知筆者夫妻:「本署偵辦106年度他字第1031號被告劉景仁、陳鈴香妨害自由案件,經查無具體犯罪事證,業已簽准結案,請查照。」一個執法的檢察官竟可以卑鄙、齷齪、下流、無恥至此地步,令人咋舌。核檢察官吳宣憲係犯刑法第125條第1項第2款之「明知為有罪之人,而無故不使其受追訴或處罰罪。」

　　(附件14)

臺灣南投地方法院檢察署　函

地址：南投縣南投市中興路757號
傳真：(049)2242273

地址：南投縣名間鄉仁和村山腳巷23-7號
受文者：林美雲　小姐

發文日期：中華民國107年1月26日
發文字號：投檢蘭 愛 106 他 1031字第 1079902055號
速別：
密等及解密條件或保密期限：
附件：

主旨：本署偵辦106年度他字第1031號被告劉景仁、陳鈴香妨害
　　　自由案件，經查無具體犯罪事證，業已簽准結案，請查照
　　　。

說明：

　一、復台端106年7月21日刑事告訴狀。

　二、本案承辦人：愛股書記官，電話：(049)2242602 轉 2820。

正本：林美雲　小姐、蕭廣政　先生
副本：

檢察長 楊秀蘭

檢察官吳宣憲決行

八、
司法機關各級首長尸位素餐

依照地方檢署及其檢察分署處務規程第14條，下列事項由檢察長處理或核定之：「……二、主任檢察官、檢察官辦案書類之核定。三、重要行政文稿之核判。……六、人民陳訴事件之處理。七、所屬職員工作、操行、學識、才能考核監督及任免、獎懲之擬議或核定」。第20條規定：「主任檢察官掌理左列事項：一、本組事務之監督。二、本組檢察官辦案書類之審核。三、本組檢察官承辦案件行政文稿之審核或決行。四、本組檢察官及其他職員之工作、操行、學識、才能之考核與獎懲之擬議。五、人民陳訴案件之調查及擬議。」

如前所述，承辦筆者竊占案之法官及檢察官違法搜索筆者夫妻住宅，觸犯刑法第306條之無故侵入住宅罪，筆者夫妻於106年7月21日提出長達1500餘字的告訴狀，向南投地檢署提告，竟遭檢察官吳宣憲違法簽結。而其後筆者以台中高分院法官王邁揚、許冰芬、姚勳昌觸犯刑法第124條之枉法裁判罪，於106年11月14日檢具事證及完整之論述，以長達3000餘字的告訴狀向台中地檢署提出告訴，亦遭「讓」股檢察官違法簽結。各該承辦之檢察官上面設有主任檢察官，襄閱檢察官及檢察長，負有監督考核之責，理當層層節制，然而卻形同虛設，毫無功能，任由這些違法濫權的書類或文稿走出地檢署，糟蹋人權。即南投地檢署辦理筆者由監察院轉發之陳情書時，各承辦單位或首長無一依法認真辦理，反而將官官相護之功能發揮至極致，所謂檢察一體之行政監督完全是聊備一格而已，茲將監察院107年6月1日行文法務部及南投地檢署於107年8月21日行文筆者、副本送監察院、法務部及台灣高等檢察署之函揭露於下：

副本

檔　　號：
保存年限：

監察院　函

地址：100 臺北市忠孝東路一段2號
電話：(02)23413183
傳真：(02)23410324

540
南投縣南投市民間鄉仁和村山腳巷23之7號
受文者：蕭廣政君
發文日期：中華民國107年6月1日
發文字號：院台業伍字第1070730910號
速別：普通件
密等及解密條件或保密期限：普通
附件：如文

主旨：據訴，為臺灣南投地方法院(105年度易字第228號)等歷審
　　　法院審理渠被訴竊佔案件，未詳查事證，率予有罪判決，
　　　損及權益等情乙案，請參處逕復並副知本院。

說明：檢附陳情資料影本乙份。

正本：法務部
副本：蕭廣政君（正本不列）、本院監察業務處（正本不列）

院長　張博雅

附件 16

臺灣南投地方檢察署　函

地址：南投縣南投市中興路 757 號
傳真：(049)2244390

551
南投縣名間鄉仁和村山腳巷 23 之 7 號
受文者：蕭廣政　君

發文日期：中華民國 107 年 8 月 21 日
發文字號：投檢蘭　誠 107 調 9 字第 1079917171 號
速別：
密等及解密條件或保密期限：
附件：

主旨：有關台端陳訴本署檢察官偵辦 105 年度偵字第 2884 號竊佔
　　　案件，未詳查事證，率予起訴一事，經查本署檢察官並無
　　　違法或不當之處，詳如說明，請查照。

說明：

一、依監察院 107 年 6 月 1 日院台業伍字第 1070704148 號、法
　　務部 107 年 6 月 7 日法檢決字第 10700099160 號及臺灣高
　　等檢察署 107 年 6 月 13 日檢紀地 107 調 339 字第
　　1070000689 號函轉台端 107 年 1 月 29 日致監察院陳情書辦
　　理。

二、經查，台端因涉嫌竊佔等案件，由本署檢察官以 105 年度
　　偵字第 2884 號偵辦後，認台端涉嫌竊佔罪而提起公訴，台
　　端所涉毀損部分則以犯罪嫌疑不足而為不起訴處分。足見
　　本署檢察官承辦該案時，係經詳細調查相關證據後，根據
　　調查證據所得之心證而為判斷，對於台端有利及不利之事
　　項均已注意，合乎刑事訴訟法第 2 條第 1 項之規定。

三、再者，本署就台端所涉竊佔案件提起公訴時，於起訴書內
　　已經具體說明證據及理由，該案經臺灣南投地方法院以 105
　　年度易字第 228 號判決有期徒刑 10 月，台端不服提起上
　　訴，經臺灣高等法院臺中分院以 106 年度上易字第 471 號
　　審理後，改論處有期徒刑 4 月確定，繼台端就該確定判決

聲請再審及停止刑罰之執行，復經臺灣高等法院臺中分院以 106 年度聲再字第 208 號裁定駁回。綜上等情，益見本署檢察官認定台端涉嫌竊佔罪嫌而提起公訴，並無違法或不當之處。

四、本案聯絡人：誠股書記官王睿閎，電話：(049)2242602 轉 2050。

正本：蕭廣政　君
副本：監察院、法務部、臺灣高等檢察署

檢察長　楊　秀　蘭

由上開函文可知，筆者向監察院陳訴司法人員濫權追訴及枉法裁制，攸關人權，因此各地檢署及分署均將此類「人民陳訴事件」之處理，列為施政之優先且重要的事項，此觀上開處務規程自明。當監察院行文法務部「請參處逕復並副知本院」，法務部理當先檢視陳訴內容，羅列應予調查之事項，指示台灣高等檢察署查明辦理。如僅層轉陳訴信函，要違法亂紀的南投地檢署自我了斷，以官場上官官相護的積習，豈非緣木求魚。惟事實上法務部及台灣高檢署主其事者，心中根本無摘奸發伏、維護人權的信念，也就是不但不與人民站在一起，而且是站在人民的對立面，寧可侵害人民的人權，也要官官相護，維護同儕的利益。

筆者十餘年前任職福建金門地方法院法官兼院長時，未幾即查知庭長朱中和未能謹慎、勤勉、妥速執行職務，有許多案件超過四個月未予進行，違反法官倫理規範第十一條之規定，乃報請司法院予以懲處，並建議予以記過二次，其後司法院通過記過一次的懲處。另外，還有一個法官涉嫌利用職權性侵女助理，筆者亦不護短，主動調查移送地檢署偵辦，其後該名法官乃辭去法官職務，轉任律師。近日報載該法官朱中和依然故我，竟然利用上班時間外出釣魚、種菜。可知「從善不足以為政，徒法不能以自行。」各級首長如不能以人民的利益為念，嚴格公正無私的執法，所謂司法改革，只是徒託空言，鏡花水月而已。

九、
東廠門內擺設之大幅岳飛畫像，像極了司法天秤

　　筆者竊占罪既經判決確定，雖然該判決係枉法裁判，是非法判決，但是在還沒有撤銷前，依然為有效的判決，有執行力。於是筆者如今是以受刑人之身分等候執行。107年3月間接獲南投地檢署投檢蘭律106執2772字第1079905385號公文，方知筆者執行案號為106年度執字第2772號，在該公文內執行檢察官胡修齊命令筆者於107年4月30日前以書面陳報經台中高分院106年度上易字第471號刑事判決所認定，筆者設置於沿番子寮溪支流原有公共造產即高約3公尺之混凝土旁原有農用道路頭之電動鐵柵門有無拆除？並檢送相關資料函覆該署。（如附件17）

臺灣南投地方法院檢察署　函

地址：南投縣南投市中興路757號
傳真：(049)2242311

南投縣名間鄉仁和村8鄰山腳巷23-7號
受文者：蕭廣政 君

發文日期：107年3月19日
發文字號： 投檢蘭 律106執2772字第1079905385號
速別：
密等及解密條件或保密期限：
附件：

主旨：就台端所涉竊佔一案，請依說明二辦理，請查照。

說明：

一、本署106年度執字第2772號竊佔一案，認有瞭解必要。

二、請於107年4月30日前以書面陳報經臺灣高等法院臺中
分院106年度上易字第471號刑事判決所認定台端設置於
沿番子寮溪支流原有公共造產即高約3公尺之混凝土牆旁
原有農用道路頭之電動鐵捲柵門有無拆除？並檢送相關資
料函覆本署。

三、本件聯絡人：律股書記官洪意芬，電話：(049)2242602轉
2821。

正本：蕭廣政 君
副本：

檢察長楊秀蘭

檢察官胡修齊決行

本件公文，執行檢察官胡修齊的意思，應是要筆者於107年4月30日以前，將住家大門的電動鐵捲柵門拆除，以供告發人陳茂盛等通行，否則屆時到案執行時，將不准易科罰金，只有入監服刑四個月讓筆者嚐嚐坐牢的滋味。在此又見證了檢察官不但未能摘奸發伏，充當正義使者，還淪落為畜牲法官枉法裁判的劊子手。因為只要稍為用心，即知該確定判決錯誤百出，荒謬萬分，如果有正義感，還應自動檢舉該裁判的三名法官枉法裁判。筆者不敢怠慢，生殺大權掌握在他人手中，前途未卜，只有火速陳報，指該電動柵門所在位置及農路，除少部分為臨溪之國有地外，大部分均為妻所有之農地，而告發人陳茂盛等承租之國有地為袋地，根本無通行道路可進入使用，並非「現使用人」，亦無占有之事實，該國有地租賃契約違法不生效力等語。詳如下列形事陳報狀。（如附件18）

刑事 陳報 狀

案　號	106年度 執 字第 2772 號	承辦股別	律
訴訟 標的 金額或價額	新臺幣		元
稱　謂	姓名或名稱	依序填寫：國民身分證統一編號或營利事業統一編號、性別、出生年月日、職業、住居所、就業處所、公務所、事務所或營業所、郵遞區號、電話、傳真、電子郵件位址、指定送達代收人及其送達處所。		

| 被告 | 蕭廣政 | 國民身分證統一編號（或營利事業統一編號）：
（年籍資料在卷）

性別：男／女　生日：　　　職業：

住：

郵遞區號：　　　　電話：

傳真：

是否聲請『案件進度線上查詢服務』：
（欲聲請本服務，請參考網址：http://cpor.judicial.gov.tw）
□否
□是（以一組E-MAIL為限）
電子郵件位址：

送達代收人：

送達處所： |

第 1 頁

一、 被告於96年9月以妻林美雪名義購買南投縣名間鄉番子寮段，一塊三面為番子寮溪及其支流包圍之農地，地號為699-3、699-5、699、699-4。97年1月間著手開發整地種植林木、蔬果後，陳茂盛、陳期賢（以下簡稱告發人）宣稱在二溪匯流處之水利地（如南投地政事務所106年1月23日發文成果圖C所示，面積301平方公尺，擬扣除護岸及斜坡面，可用面積僅約4.50坪，且該地為袋地。除經由被告配偶所有且經合法申請許可之農路外，無任何對外通行之道路）上之二叢綠竹筍、一棵龍眼樹為渠等所種植，向被告索取該水利地之使用權利金50萬元，被告不從。因699-10地號上堤防有缺口長達17公尺，即缺口處與兩端堤防比較，高度不足1.5公尺，被告乃於99年間以基因管理之法律關係自費僱工補

第2頁

159

齊堤防高度，並依水土保持法施作護牟栽種高、低木及草皮後，告發人竟自溪底架設簡易木梯爬上三公尺高堤防種植香蕉樹數株，並於100年申請將該水利地登錄為國有，並編列地号為699-9、699-10。嗣於103年告發人向國有財產署以「現使用人」之身分申租耕作，租期自103年9月1日起至112年12月31日止，惟事實上渠等全未耕作，任令荒蕪。至104年12月間被告見該地廢耕已久，各類藤蔓、雜草一尤其是有「綠癌」之稱的小花蔓澤蘭四處蔓延，影响自然生態及毗鄰之被告果園，被告乃僱工清除。告發人遂以被告在所有農路入口設置柵欄，妨害渠等承租之權利，向南投地檢署提告竊佔罪，檢察官起訴後，南投地院判處被告有期徒刑一年，經上訴後，台中高分院改判有期徒刑四月，並得易科罰金，合先敘明。

第3頁

二、告發人向國有財產署承租之 699-9 地号國有地為
袋地，除經由被告配偶所有且經合法申請許
可之農路外，三面均係深約三公尺之溪流，
無任何對外通行之道路，此觀南投地政事務
所 106 年 1 月 23 日複丈成果圖自明。且被告贈
買之 699-4、699-5 地号農地均係承繼前手楊泰
河使用之範圍及面積，以現狀買受。即該
農地毗鄰書子寮溪支流部分，原即有破損不
堪且未經合法申請許可之水泥路面（如複丈
成果圖A所示），被告退休前為職司審判之
司法人員，深知守法為國民之基本義務，乃於
98 年 9 月間向南投縣政府申請將該農路容許
作農業設施使用，核准後即以鋼筋水泥改
善路面，並加設仿木欄杆以維人車安全。此
有南投縣名間鄉公所自行收納款項統一收據
可稽。又 699-5、699-4 地号旁臨溪之農路，
大部分均在 699-5、699-4 地号土地範圍内，其

第 4 頁

中縱有少部分為未登錄國有地，而係被告於購買699-3、699、699-5、699-4等地号土地時，一併向前手買受，而受讓土地之占有，依民法第940條、第943條第1項、第765條及第790條，被告自得本於所有權權能在農路入口設置柵欄管制人車進出，並禁止他人侵入上開土地內。

三、按民法第964條規定：「占有，因占有人喪失其對於該物之事實上管領力而消滅。」被告於96年9月買受本件699-3、699、699-5、699-4等地号土地以前，告發人縱使有佔有使用699-9地號國有土地之事實，惟該地自被告買受699-5、699-4地号土地並點交占有後，已完全無對外通行之道路，告發人已喪失該地之事實上管領力，並非占有人，亦非現使用人，依「國有非公用不動產出租管理辦法」（財政部國有財產署104年6月10日修正公布）第3條、

第5頁

第7條、第16條、第17條之規定，國有財產署南投分署即不得以告發人為「現使用人」將該699-9地号國有地出租予告發人耕作，此為行政不法，係犯刑法上之公務員業務登載不實罪。又告發人既全烈乚路以通行699-9地号國有地，渠等竟向國有財產署南投分署承租，其目的顯係阻止被告依法向該署承租使用，依民法第148條規定：「權利之行使，不得違反公共利益，或以損害他人為主要目的。」告發人此舉顯然超越權利行使之界限，應不生效力。上開主張被告於偵查中均闡述甚詳，惟處理本案之相関司法人員均置若罔聞，並以顛倒是非全乚根据之論述故入被告於罪，該等違法失職之犯行，被告已陸續檢具相関事證，陳請新任監察委員陳師孟進行調查懲處。

四、請鈞署向南投縣政府調取本件音子寮段699

第6頁

一4、699-5地號之農業資材室、農路之「農業用地容許作農業設施使用申請書」，以證明該農路係被告配偶林美雲依法申請施設，不生任何違法之問題。

五、依鈞署107年3月19日投檢蘭律106執2772字第1079905385号函文理。　　　　此致

台灣南投地方法院檢察署　　　　　公鑒

證物名稱 及件數	南投縣名間鄉公所自行收納款項統一收據影本21份。

中　華　民　國　107年　4月　12　日

具狀人　蕭廣政　🔴　簽名蓋章

撰狀人　蕭廣政　🔴　簽名蓋章

第7頁

嗣筆者接獲南投地檢署執行命令，命令筆者於107年6月22日上午9時30分攜帶身分證及現金122,000元到南投地檢署執行科報到。臨行前，妻問筆者：會不會不准易科罰金被抓去關？那122,000元以後拿得回來嗎？筆者回答：相信檢察官還沒有那個狗膽不准易科罰金，且邪不勝正，122,000元拿不拿得回來，只有盡人事聽天命了。結果執行檢察官陳豐勳准予易科罰金。（執行傳票、命令及繳納罰金收據，分別如附件19、20、21）

臺灣南投地方法院檢察署執行 傳票/命令

被傳人地址	551 南投縣名間鄉仁和村山腳巷 23 之 7 號		應執行刑罰	有期徒刑四月如准易科以新台幣 1000 元折算一日
姓 名	蕭廣政	先生 / 女士	性 別	男
			出生年月日	年，月，日
案 號案 由	106 年 執 字第 2772 號 竊佔 案件			
應到日期	107 年 6 月 22 日 上 午 9 時 30 分		附記	本件被傳人係 受刑人
應到處所	南投市中興路七五七號 臺灣南投地方法院檢察署執行科			請到 律股 窗口報到

備 註	◎欲聲請易科罰金，請本人攜帶身分證及現金新台幣 122000 元到本署辦理，若未核准，須入監服刑。（金額如有誤，依判決為主。）如欲入監服刑，請攜帶健保IC卡。 ◎入監服刑案件，如欲就近於住居地監獄服刑，得提出住居轄區外證明文件，向執行檢察官聲請囑託執行。
注意事項	一、請攜帶**國民身分證、健保IC卡**及本傳票，準時報到。 二、本傳票不收任何費用。 三、於本案有所請求，向本署遞送書狀時，務須記明案號、案由及股別。 四、經合法傳喚，無正當理由而不到場者，得依法拘提。 五、專科罰金者，不必親自到署，可以委託親友至本署代為繳納罰金，或以現金或匯票郵寄繳納，受款人請寫「臺灣南投地方法院檢察署」，匯款人應寫受刑人姓名，信封上請註明執行案號、案由及股別。 六、聲請易科罰金時，請參考附件之聲請易科罰金須知，備妥執行困難之證明文件，親自前來本署辦理。 七、如有疑問，請向本署執行科洽詢，電話：(049)2242602 分機 2821

書記官	賴影儒 傳票專用 電話 2242602 轉 2821		檢察官	陳豐勳

中 華 民 國 106 月 01 日

※ 一、如有招搖撞騙份子向受⋯⋯⋯⋯⋯2242275電話檢舉。
二、本傳票非經檢察官及書⋯⋯⋯⋯⋯

臺灣南投地方法院檢察署
檢察官指揮執行命令

106 年執字第 2772 號蕭廣政竊佔案件檢察官指揮執行命令		
審核並指揮執行		發監執行。
		不准易科罰金，另簽。
	✓	准予易科罰金新台幣 122000 元，一次繳納。
		准予易科罰金新台幣　　　元，分　　　期繳納，一期未繳視為全部到期(詳如附件)。
		准予易服社會勞動。
		不准易服社會勞動 　　□因身心之關係，執行社會勞動有困難。 　　□確因不執行所宣告之刑，難收矯正之效或難以維持法秩序。
		其他
檢察官 陳豐勳 （簽名或蓋章）		
中華民國107 年 6 月 22 日		

註：

一、勾選，可複選。

二、不准易科罰金、不准易服社會勞動、發監執行，報到當天檢察官即令法警提送監獄並核發執行指揮書送交受刑人收受，故不另核發執行命令。

附件21

臺灣　　地方法院檢察署　自行收納款項收據

罰字 1070401號

字第002772號

第二聯：收據

0049663

收入科目	0423510101-0 罰金		標的費別	年度	罰字第002772號
繳款人	蕭廣政				
案由	誹謗				
徵收金額	應徵銀元	1:3折征新臺幣	米壹拾貳萬貳仟元整	總：149	
備註					
經手人	李淑玲 主辦出納	主辦會計	機關長官		

中華民國107 年06 月22 日

收　107.6.22

證　No.

拜讀詩人李敏勇所著《國家之夢，文化之愛》乙書，其中第128頁提到：「國家是重要的，但國家也是危險的。前者，正適用於台灣；而後者適用於中國。納粹德國的擴張、侵略，滅絕猶太人，也屬於後者。帝國時代的日本，一樣是。現在的中國正是令人感到危險的國家。」筆者報到執行，繳清易科罰金的款項後，筆者在這裡要說：「國家是危險的，也適用於台灣。」司法機關內部沒有良好的文化傳統，無法自律自愛，外部唯一的制衡機關監察院又完全失靈，檢察機關及法院非但不能定分止爭，維護人權，實現公平正義，反而成為戕害人權的怪獸，讓國家機器形同東廠，善良無辜百姓成為它暴力下的俎上之肉，任人宰割，毫無反抗餘地。東廠門內擺設的岳飛畫像，真是像極了象徵公平正義的司法天秤！何其諷刺啊！

十、
通天底下一十八省，哪裡來的清官

　　告發人陳茂盛等違法取得的「國有耕地租約」，如聖旨般，無論在地檢署、刑事法院或民事法院，均威力強大，無堅不催。筆者刑事部分被告竊占罪，其下場淒慘無比，已如上述，民事部分經告發人陳茂盛、陳棋賢向南投地院提起訴訟，以筆者為被告，請求返還渠等承租之耕地，並拆除筆者妻所有農路入口之鐵柵門等。案號為107年度投簡字第51號，承審法官劉彥宏不知係勾結刑事告發人陳茂盛牟利，還是筆者不讓其進入妻所有之農地勘驗測量，惱羞成怒，明知陳茂盛等承租之國有地為袋地，無可供通行之道路進入耕作，非《國有非公司不動產出租管理辦法》所定之「現使用人」，自不得承租，該租約為違法無效。且我國民法關於「占有」，係採取「事實」說，並非「權利」說，要有占有之事實才能成為占有人，也就是陳茂盛等並非占有人，筆者自無侵奪其占有之餘地，矧唯一可通行該國地之農路及附著其上之鐵柵門，均為妻所有，筆者在法律上並無處分權，如提起確認通行權存在之訴，自不得以筆者為被告，否則為當事人不適格。有筆者所書民事言詞辯論狀可稽。（如附件22）

民事言詞辯論狀　　　　　　　　　　　狀

案　　號	107 年度 投簡 字第　51　號	承辦股別	鳳
訴訟　標的 金額或價額	新臺幣		元
稱　　謂	姓名或名稱	依序填寫：國民身分證統一編號或營利事業統一編號、性別、出生年月日、職業、住居所、就業處所、公務所、事務所或營業所、郵遞區號、電話、傳真、電子郵件位址、指定送達代收人及其送達處所。	

被　告　蕭廣政

國民身分證統一編號（或營利事業統一編號）：

性別：（男）/女　　生日：　　　　職業：

住：南投縣名間鄉仁和村山腳巷23
　－7號
郵遞區號：　　　　　電話：

傳真：
是否聲請『案件進度線上查詢服務』：
（聲請本服務，請參考網址：http://cpor.judicial.gov.tw）
□ 否
□ 是（以一組E-MAIL為限）
電子郵件位址：
送達代收人：
送達處所：

原　告　陳茂盛
　　　　陳期賢

第1頁

171

訴之聲明

一、原告之訴駁回。

二、訴訟費用由原告負擔。

事實及理由

一、被告於96年9月以妻林美雲名義購買南投縣名間鄉畜子寮段，一塊三面為畜子寮溪及其支流包圍之農地，地號為699-3、699-5、699、699-4。於著手開發後，原告宣稱在二溪匯流處之水利地（如南投地政事務所106年1月23日複丈成果圖C所示，面積301平方公尺，扣除護岸及斜坡面，可用面積僅約4.50坪，且該地為袋地，除經被告配偶所有且經合法申請許可之農路外，無任何對外通行之道路）上之二叢竹筍、一棵龍眼樹為渠等所種植，向被告索取該水利地之使用權利金50萬元，被告不從。因699-10地号上堤防有缺口長達17公尺，即缺口處與兩端堤防比

第2頁

較，高度不足1.5公尺，被告乃於99年間以气因管理之法律關係自費僱工補齊堤防高度，並依水土保持法施作護岸栽種高、低木及草皮後，原告等竟自溪底架設簡易木梯爬上三公尺高堤防種植香蕉樹數株，並於100年申請將該水利地登錄為國有，並編列地號為699-9、699-10。關於103年原告等向國有財產署以現使用人之身分申租耕作，租期自103年9月1日起至112年12月31日止，惟事實上渠等全未耕作，任令荒蕪。至104年12月，被告見該地廢耕已久，各類藤蔓、雜草，尤其是有「綠癌」之稱的小花蔓澤蘭四處蔓延，影响自然生態及毗鄰之被告果園，被告乃僱工清除。原告遂以被告在所有農路入口設置柵欄，妨害渠等承租之權利，向南投地檢署提告竊佔罪，檢察官起訴後，南投地院判處被告有期徒刑一年，經上訴後，台中高分院改判

第3頁

173

有期徒刑四月，案号為106年度上易字第471號。

以上為兩造爭端概要，合先敘明。

二、原告向國有財產署辦理承租之699-9号國有地為
袋地，除經被告配偶所有且經合法申請許
可之農路外，三面均係深約三公尺的溪流
，乏任何對外通行之道路，此觀南投地
政事務所106年1月23日復文成果圖自明。且
被告購買之699-4, 699-5号農地均係承繼前
手楊泰河使用之範圍及面積，以現狀買受，
即該農地毗鄰書子祭溪支流部分，原即
有破損不堪且未經合法申請許可之水泥路面
，即如複丈成果圖A所示，被告退休前為
職司審判之司法人員，深知守法為國民之基
本義務，乃於98年9月間向南投縣政府申
請將該農路容許作農業設施使用，核准後
即以鋼筋水泥改善路面，並加設仿木欄杆
以維安全。此有南投縣名間鄉公所自行

第4頁

畜牲法官以及陳師孟的嘴臉 —— 174

收納款項統一收據可稽。又699-5、699-4地號旁边臨溪之農路，大部分均在699-5、699-4地號土地範圍內，其中縱有少部分為未登錄國有地，亦係被告於購買699-3、699、699-5、699-4等地號土地時，一併向前手買受，而受讓土地之占有，依民法第940條、第943條第1項、第765條及第790條，被告自得本於所有權權能在農路入口設置柵欄管制人車進出，並禁止他人侵入上開土地內。

三、按民法第964條規定：「占有，因占有人喪失其對於該物之事實上管領力而消滅。」原告於96年9月被告買受本件699-3、699、699-5、699-4等地號土地以前，縱有佔有使用699-9地號國有土地之事實，惟該地自被告買受699-5、699-4地號土地並點交占有後，已完全無對外通行之道路，原告已喪失該

第 5 頁

175

地之事實上管理力，並非占有人，亦非現使用人，依「國有非公用不動產出租管理辦法」（財政部國有財產署104年6月10日修正公布）第3條、第7條、第16條、第17條之規定，國有財產署南投分署即不得以原告為「現使用人」將該699-9地之國有地出租予原告耕作，此為行政不法，涉嫌刑法上之公務員業務登載不實罪。又原告既全然毋須通行699-9地號國有地，其竟向國有財產署南投分署承租，其目的顯係阻止被告依法向該署承租使用，依民法第148條規定：「權利之行使，不得違反公共利益，或以損害他人為主要目的。」原告此舉顯然超越權利行使之界限，應不生效力。上開主張被告於偵查中均闡述甚詳，惟處理本案之相關司法人員均置若罔聞，並以顛倒是非全無根據之論述，故入被告於

第6頁

罪，該等違法失職之犯行，被告已陸續

檢具相關事證陳請新任監察委員陳師孟

進行調查懲處。

四、綜上所述，原告之訴顯乏理由，應予駁回

。　此致

台灣南投地方法院 南投簡易庭	公鑒

證物名稱 及件數	南投縣名間鄉公所自行收納款項統一收據 影本乙份。

中　華　民　國　　107　年　　　4　月　　12　　日

　　　具狀人　　蕭廣政　　　　　　　簽名蓋章

　　　撰狀人　　蕭廣政　　　　　　　簽名蓋章

第7頁

詎法官劉彥宏竟為如下之判決，茲轉載於下，供全民奇文共賞。（附件23）

附件23

臺灣南投地方法院民事簡易判決

107年度投簡字第51號

原　　　告　陳茂盛　　住臺中市 ▉▉▉▉▉▉▉▉▉
　　　　　　陳期賢　　住南投縣 ▉▉▉▉▉▉▉▉
被　　　告　蕭廣政　　住南投縣名間鄉仁和村山腳巷23之7號
受　告知人　財政部國有財產署
　　　　　　　　　　　設臺北市大安區光復南路116巷18號
法定代理人　曾國基
　　　　　　　　　　　住同上
代　理　人　陳晉徹
　　　　　　　　　　　住南投縣南投市省府路40號
複　代理人　林永松
　　　　　　　　　　　住同上

上列當事人間返還土地等事件，本院於民國107年8月30日言詞辯
論終結，判決如下：

主　文

被告應將坐落南投縣名間鄉番子寮段六九九之九、六九九之十地
號土地上，如南投縣南投地政事務所民國一百零七年六月二十一
日土地複丈成果圖即附圖，編號B所示、面積一四七平方公尺之
地毯草移除；及編號C所示、面積三〇一平方公尺之滯洪池填平
；並將前開占用之土地返還與原告。
被告應將坐落南投縣名間鄉番子寮段六九九之五地號土地及未登
錄土地上，如附圖編號a-b所示之鐵門拆除。
被告應給付壹仟陸佰參拾柒元，及自民國一百零六年九月一日起
至清償日止，按週年利率百分之五計算之利息。
原告其餘之訴駁回。
訴訟費用由被告負擔。
本判決得假執行。但被告如以新臺幣參拾玖萬捌仟肆佰貳拾柒元
為原告預供擔保後，得免為假執行。
原告其餘假執行之聲請駁回。
　　　事實及理由
壹、程序方面

一、本件被告經合法通知，未於言詞辯論期日到場，核無民事訴訟法第386條各款所列情形，爰依原告聲請，由其一造辯論而為判決。

二、按訴狀送達後，原告不得將原訴變更或追加他訴。但請求之基礎事實同一者；擴張或減縮應受判決事項之聲明者。不在此限；不變更訴訟標的，而補充或更正事實上或法律上之陳述者，非為訴之變更或追加。民事訴訟法第255條第1項但書第2款、第3款及第256條分別定有明文。經查，原告起訴時聲明原以：㈠被告應給付原告新臺幣（下同）4,098元，及自民事起訴狀繕本送達翌日起至清償日止，按年息5%計算之利息。㈡被告應拆除電動鐵捲門，並將竊佔之土地回復原狀（即將滯洪池填平後），返還予原告管領。嗣經本院於民國106年12月21日會同原告及南投縣南投地政事務所（下稱南投地政所）人員至現場勘測未果，並依原告之聲請調取南投地政所第116800號複丈成果圖即附圖後，原告分別於107年3月29日、同年8月30日當庭變更聲明為，如主文第1項、第2項所示，及被告應給付原告3,696元，並自起訴狀繕本送達翌日起至清償日止，按年息5%計算之利息。經查原告前開聲明之變更，就擴張移除地毯草部分，係屬基礎事實同一者；而就填平滯洪池部分，僅係依南投地政所測量結果而更正事實上之陳述，並非訴之變更及追加；另就請求不當得利部分，係屬減縮應受判決事項之聲明。是核前開聲明之變更，均與首揭規定相符，應予准許，合先述明。

貳、實體方面

一、原告起訴主張：坐落於南投縣名間鄉番子寮段（下稱同段）699-9、699-10地號土地（下稱系爭土地），為中華民國所有由訴外人財政部國有財產署（下稱國產署）管理。又原告之祖輩於47年間起即於系爭土地上耕作，至70年間由原告接手耕作，並於90年間開始向國產署辦理承租手續，然因面積不詳之問題，嗣於103年9月1日，始向國產署辦理完成承租，故原告對系爭土地具事實上管領力。未料被告明知系爭土

地為袋地且為原告耕作使用中,竟於99年間在通往系爭土地之水泥產業道路上,設置如附圖編號a-b所示之電動鐵捲門(下稱系爭鐵門)禁止原告進入。進而將原告承租之系爭土地上原本栽種之農作物刈除後,並於土地上挖掘滯洪池並私做堤防,案經原告提出竊佔罪告訴,並由臺灣高等法院臺中分院106年度上易字第471號判處有期徒刑4月確定。可見被告為圖一己私利,在系爭土地上唯一對外聯絡道路上設置系爭鐵門,並於系爭土地上挖掘如附圖編號C所示之滯洪池(下稱系爭滯洪池),及於如附圖編號B所示之土地種植地毯草(下稱系爭草皮區),業已妨礙原告之通行權,以及對系爭土地之支配關係,故訴請被告應拆除系爭鐵門,及填平系爭滯洪池並移除系爭地草皮,返還土地予原告。另被告於99年、100年間起設置系爭鐵門,並阻止原告進入系爭土地,且設置系爭滯洪池、草皮區而無權占用原告所承租之系爭土地,原告自可請求相當於租金之不當得利,又同段699-9地號土地每年租金為540元,另就同段699-10地號土地每半年之補償金為66元,故被告於102年起迄今,所受有之不當得利金額為3,696元【計算式:(540元× 5.5期)+(66元× 11 期)=3,696元】,爰依民法第787條、第962條、第179條之規定,提起本件訴訟等語。並聲明:如主文第1項、第2項所示;及被告應給付原告3,696元,並自起訴狀繕本送達翌日起至清償日止,按年息5%計算之利息;暨願供擔保准予宣告假執行。

二、被告雖未於言詞辯論期日到庭,惟其具狀辯稱以:原告向國產署承租之同段669-9地號土地,三面均係深約3公尺之溪流,僅有被告配偶經合法申請之農路可供通行,且該道路係被告於98 年9月間向南投縣政府申請將該農路作為農業使用,經核准後以鋼筋水泥改善路面,並加設仿木欄杆以維安全,又該道路大部分均坐落於699-5、699-4地號土地範圍內,又縱有少部分坐落於未登錄國有地,被告亦於向前手購買後即取得該土地部分之占有,故依占有狀態及所有權之權能,被

告本得於前開農路之路口設置柵欄管理人車出入，並禁止他人進入上開土地。另依民法第964條規定，原告於96年6月被告買受同段699、699-3、699-4、699-5地號土地前，縱有占有使用系爭土地之事實，然於被告買受並占有699-4、699-5地號土地後，系爭土地已完全無對外通行之道路，原告已喪失系爭土地之事實上管領力，而非占有人，亦非現使用人，故國產署即不得將系爭土地出租與非現使用人之原告。且原告向國產署承租系爭土地顯係為阻止被告向國產署承租系爭土地，屬於權利濫用之行為等詞，資為抗辯。並聲明：駁回原告之訴。

三、本院之判斷：

（一）經查，系爭土地為中華民國所有由國產署管理，為袋地無相鄰接之公路，且由原告於103年間向國產署承租系爭土地為耕作使用，租期為103年9月1日起至112年12月31日止，此有國有耕地放租租賃契約書、系爭土地登記第一類謄本、地籍圖謄本、國有土地地理資訊系統表、現場照片12張等件附卷可稽（見本院卷第23至26頁、第121至140頁）。，且為被告所不爭，自應堪信前開事實為真。

（二）又按法院認應證之事實重要，且舉證人之聲請正當者，應以裁定命他造提出文書。就(1)該當事人於訴訟程序中曾經引用者，(2)他造依法律規定，得請求交付或閱覽者，(3)為他造之利益而作者，(4)商業帳簿，(5)就與本件訴訟有關之事項所作者，當事人有提出之義務。再當事人無正當理由不從提出文書之命者，法院得審酌情形認他造關於該文書之主張或依該文書應證之事實為真實，民事訴訟法第343條至第345條分有明文。並依民事訴訟法第367條規定，該法第343條至第345條規定，於勘驗準用之。查原告復主張被告於同段699-5地號土地及未登錄土地設有如附圖所示a-b之系爭鐵門，及於系爭土地上設有如附圖編號B所示、面積147平方公尺之地毯草區域，及編號C所示、面積301平方公尺之滯洪池等情。經本院先於106年12月21日會同

原告及南投地政所人員至現場勘測，惟被告當場以毋庸配合為由拒卻系爭土地及系爭鐵門現況之勘測；嗣本院另於107年6月14日裁定命被告於10日內補正可至現場勘測之期日，被告仍未依期限提出。又本件訴訟涉及通行權及占有之事實，自有於現場勘驗測量系爭土地之必要，是揆諸前揭規定，被告既無正當理由拒卻勘驗，本院自得審酌一切情狀，而認原告關於此部分之主張為真實。準此，原告聲請調閱南投地政所106年1月23日系爭土地複丈成果圖即附圖，作為證明系爭鐵門坐落位置，及系爭滯洪池、系爭草皮區坐落於系爭土地上之位置及面積，均屬有據。從而，系爭土地現況及系爭鐵門坐落位置即如附圖所示，是原告此部分主張，亦堪信為真實。

（三）原告主張被告應將坐落系爭土地上，如附圖編號B、C所示之地毯草及滯洪池移除，並占用之土地返還予原告，應屬有據：

1. 按占有人，其占有被侵奪者，得請求返還其占有物；占有被妨害者，得請求除去其妨害；占有有被妨害之虞者，得請求防止其妨害。民法第962條定有明文。又租賃物交付後，承租人於租賃關係存續中，有繼續占有其物而為使用收益之權利。故其占有被侵奪時，承租人自得對於無權占有之他人，行使其占有物返還請求權，此就民法第四百二十三條、第九百四十一條及第九百六十二條等規定觀之甚明（最高法院43年台上字第176號判例參照）。占有物返還請求權之行使，以占有人之占有被侵奪為要件，此觀民法第九百六十二條之規定自明。所謂占有之侵奪，係指違反占有人之意思，以積極之不法行為，將占有物之全部或一部移入自己之管領而言（最高法院104年度台上字第656號判決參照）。

2. 又原告主張其為系爭土地之占有人，而被告無權占用系爭土地等情。經查，依原告於審理中陳述：「（問：何時開始耕作系爭土地？鐵柵欄何時施作？）答：...鐵柵欄於

100年時就已經圍起來，101年後我們當時使用河道旁之水泥梯下道河床後由河道繞到系爭土地，後因被告拆除水泥梯並加高河道之堤防」等語明確，核與被告於答辯狀中自陳「...原告等逕自溪底架設簡易木梯爬上3公尺提防種植香蕉樹數株...」等語大致相符，顯見原告確於系爭土地上種植作物，並參以原告現為系爭土地之承租人，足見原告自屬系爭土地之占有人甚明。另查被告於系爭土地上開挖系爭滯洪池，並設置系爭草皮區，並未經原告同意，顯屬違反占有人即原告之意思，且被告對於系爭土地並無正當使用權源，即將系爭土地置於己所管領之下，自屬無權侵奪原告對於系爭土地之占有，是原告主張依占有人之物上請求權，除去被告對系爭土地使用之妨害，回復系爭土地之原狀，並返還系爭土地予原告，即屬有據。

3. 又被告雖辯原告就系爭土地並無事實上管領力云云。然依證人即國產署人員林永松於審理中結證述：「（問：699-9、699-10地號土地何時承租於原告？有無交付？）答：699-9土地於103年9月份承租，699-10土地因法律上原因無法承租，但原告有使用情形，所以國有財產署有向原告收取使用補償金。699-9土地當時原告已經有耕作使用，我們有去現場看，可以進入，有農作。」等語甚詳，益徵原告對系爭土地具管領力，而為占有人。且被告所據原告已失其管領力，係以被告占用系爭土地後，而辯稱原告喪失對系爭土地之管領力，惟此本屬占有人物上請求權之權利行使態樣，即依民法上之占有物返還請求權觀之，本係以占有人之占有被侵奪為要件，此觀民法第962條規定至明。是可知占有人因遭他人不法侵奪或妨害其占有，而占有人始得依占有人物上請求權返還或除去之，故所謂占有人對於占有物需具事實上管領力，即係指於受侵奪或妨害前，占有人對於占有物需具事實上之管領力，而非指占有人行使物上請求權時，需對於占有物具事實上管領力，否則將架空民法第962條規定之立法意旨。依上所述，足認

被告此部分所辯，實非可採。

4.另被告復辯以原告向國產署承租系爭土地為權利濫用云云。惟按事人主張有利於己之事實者，就其事實有舉證之責任。民事訴訟法第277條本文定有明文。是被告就此利己事項，自應負擔舉證之責，然被告僅泛稱原告權利濫用云云，而未具體提出相關事證以實其說，本院自無從為有利被告之認定。又按物之占有人，縱令為無合法法律關係之無權占有，然其占有，對於物之真正所有人以外之「第三人」而言，依同法第九百六十二條及上開法條之規定，仍應受占有之保護（最高法院96年度台上字第188號判決參照）。依上揭說明意旨，可知縱認被告前開所辯有據，亦僅生原告與國產署間之租賃契約有效與否之問題，而非使被告取得合法使用系爭土地權限，且占有人之物上請求權本非以占有人合法占有為要件，故縱存有權利濫用之情事，而致使原告為欠缺合法關係之占有人，亦不影響占有人即原告對於被告行使物上請求權，是被告此部分所辯，亦非可採。

（四）原告請求被告應將如附圖編號a-b所示之鐵門拆除，核屬有據：

1.按土地因與公路無適宜之聯絡，致不能為通常使用時，除因土地所有人之任意行為所生者外，土地所有人得通行周圍地以至公路。前項情形，有通行權人應於通行必要之範圍內，擇其周圍地損害最少之處所及方法為之。第七百七十四條至前條規定，於地上權人、農育權人、不動產役權人、典權人、承租人、其他土地、建築物或其他工作物利用人準用之。民法第787條第1項、第2項前段、第800條之1分別定有明文。又鄰地通行權為鄰地所有權之擴張，其目的在解決與公路無適宜聯絡之土地之通行問題，自應限於必要之程度，且應選擇對鄰地損害最少之處所為之（最高法院83年度台上字第1606號判決參照）。復所謂通行必要範圍內，周圍地損害最少之處所及方法，應依社會通常

之觀念，就附近周圍地之土地性質、地理狀況，相鄰土地所有人及利用人之利害得失，斟酌判斷之（最高法院98年度台上字第1842號判決參照）。經查，系爭土地為袋地，又原告乃為系爭土地之承租人，已認定如上。是原告自得依民法第800條之1規定準用同法第787條第1項之規定，對如附圖編號A 所示之土地，主張袋地通行權之存在。又審酌如附圖編號A所示之土地，分別坐落於同段699-5、699-4地號土地及未登陸土地上，位處同段699-5、699-4 地號土地之西南側一隅，且現況為水泥路面之道路，可供人車通行等情，此有南投地政所107年6月21日複丈成果圖、現場照片4張附卷可參（本院卷第236頁、第187至189頁），是衡酌前開通行路線之面積、位置、使用現況等因素，該通行路線所佔同段699-5、699-4地號土地總面積之比例尚小，且該通行路線係沿溪谷通行，並未將同段699-5、699-4地號土地割裂為二，而影響前開土地整體利用，且該通行路線之現況，為鋪設水泥之路面而無種植農作物，本屬可供車輛通行使用之情，故應認如附圖編號A 所示之通行路線，應屬符合系爭土地通行之必要範圍內，對周圍地侵害最少之通行方法，是原告就附圖編號A 所示之土地應有通行權存在。

2. 次按鄰地通行權之性質，為土地所有權人所有權之擴張，與鄰地所有權人所有權之限制，是以土地所有權人或使用權人，如確有通行鄰地之必要，鄰地所有權人或使用權人，即有容忍其通行之義務，此為法律上之物的負擔（最高法院70年度台上字第3334號判決參照）。通行權人既經確認有通行權存在，被通行地之所有人及使用人自有容忍之義務，如有阻止或妨害之行為，通行權人當得依據民法第767 條物上請求權之規定，請求予以禁止或排除（最高法院88年度台上字第2864號判決意旨參照）。經查，如附圖編號a-b 所示之系爭鐵門為被告所設置乙節，為被告所不爭，又系爭鐵門坐落於如附圖編號A 所示之通行路線之南

側入口等情，有履勘照片4 張及南投地政事務所複丈成果圖即附圖為證。足見系爭鐵門確已阻礙原告自前揭通行路線出入，且已妨礙原告行使民法第787條第1項前段之袋地通行權，揆諸上揭意旨，原告自得請求排除干涉。從而，原告本於袋地通行權及物上請求權之法律關係，請求被告應將如附圖編號a-b所示之系爭鐵門移除，即屬有據。

3. 至被告復辯稱其本得依所有權得及占有之事實設置鐵門云云。然參酌民法第787 條所規定袋地通行權之立法精神，目的不僅在調和土地所有人間之利害關係，且在充分發揮土地之經濟效用，以促進社會整體利益，是鄰地通行權之行使，於土地所有人方面，為所有權之擴張，於鄰地所有人方面，則為所有權之限制。準此，原告就附圖編號A 所示之土地，既有通行權之存在，則就該部分土地，所有權人之所有權能，亦因而受有限制，故縱被告得同段 699-5、699-4 地號土地所有權人之同意，允許其設置系爭鐵門，然亦不得為妨礙原告鄰地通行權之行使，是被告此部分所辯，洵難採信。

(五) 被告應給付原告1,637元及相關法定利息，應屬有據：

1. 按無法律上之原因而受利益，致他人受損害者，應返還其利益，民法第179 條前段定有明文。又占有人主張其占有被侵奪，致其不能就占有物為使用收益，依侵權行為之規定，請求侵奪人賠償相當於租金之損害者，必侵奪人確有占有該物妨礙占有人使用收益，始足當之（最高法院96年度台上字第424 號判決參照）。復無權占有他人土地，可能獲得相當於租金之利益，為社會通常之觀念。其依不當得利之法則請求返還不當得利，以無法律上之原因而受利益，致他人受有損害為其要件，故得請求返還之範圍，固應以對方所受之利益為度，非以請求人所受損害若干為準，惟於審酌對方所受之利益時，如無客觀具體數據可資計算，請求人所受損害之數額，未嘗不可據為計算不當得利之標準（最高法院92年度台上字第324號判決參照）。經

查，原告為系爭土地之承租人，而被告於系爭土地設有系爭滯洪池及系爭草皮區，為侵奪原告對於系爭土地之占有，已如前述。故依前揭意旨，原告請求被告應返還前開地上物占用系爭土地而相當於租金之不當得利部分，即屬有據。

2. 又原告主張被告應給付102年1月至107年6月間之不當得利金額為3,696元等語。然查，被告分別係於100年間栽種系爭草皮區，而於104年12月間興建系爭滯洪池；又同段699-9、699-10地號土地面積分別為523、127平方公尺，而系爭草皮區占用同段699-9、699-10地號土地面積分別為117、30平方公尺，另系爭滯洪池占用同段699-9地號土地面積為301平方公尺；且同段699-9地號土地每年之租金為540元，而同段699-10地號土地每半年之補償金為66元等情。此有國產署自行收納款項收據3張、繳款人收執13張、系爭土地第一類登記謄本、地籍圖謄本、如附圖所示之複丈成果圖等件附卷為證（見本院卷第27至37頁、121至125頁、第307至310頁）；且經本院依職權調取本院105年度易字第228號、臺灣高等法院臺中分院106年度上易字第471號判決查明屬實。是揆諸前揭意旨，被告所有之系爭滯洪池及系爭草皮區既屬無權占用原告所承租之系爭土地，則原告訴請被告應給付相當於租金之不當得利，即屬有據。又查系爭草皮區係於100年間即已栽種，則原告自得請求102年1月至107年6月之不當得利，是被告就系爭草皮區占用系爭土地所應給付之不當得利金額為835元【計算式：《（117平方公尺÷523平方公尺）×540元×5.5年》+《（30平方公尺÷127平方公尺）×66元×11期》＝835元，角不計入】。另就系爭滯洪池則係於104年12月間始為興建，故被告就此部分無權占用系爭土地之期間即為2年7月，是被告就系爭滯洪池應給付之相當於租金之不當得利金額即為802元【計算式：（301平方公尺÷523平方公尺）×540元×（2+7/12）年＝802元，角不計入】。從而，

原告就被告無權占用其所承租之系爭土地部分，於請求不當得利金額為1,637元範圍內【計算式：835元+802元＝1,637元】，即屬有據。逾此範圍之請求，則屬無據，應予駁回。

3.末按遲延之債務，以支付金錢為標的者，債權人得請求依法定利率計算之遲延利息；應付利息之債務，其利率未經約定，亦無法律可據者，週年利率為百分之五；給付無確定期限者，債務人於債權人得請求給付時，經其催告而未為給付，自受催告時起，負遲延責任。其經債權人起訴而送達訴狀，或依督促程序送達支付命令，或為其他相類之行為者，與催告有同一之效力。民法第233條第1項前段、第203條、第229條第2項定有明文。本件原告提出之起訴狀，於106年8月31日送達被告，此有本院送達證書在卷可稽，是原告請求被告就前開不當得利之金額，自起訴狀繕本送達被告之翌日即106年9月1日起，按週年利率5%計算至清償日之金額等節，亦屬有據。

四、綜上所述，原告依民法第787條第1項、第962條前段、中段及179條之規定，請求被告應將坐落於系爭土地上之系爭滯洪池、系爭草皮區填平移除，並返還所占用之土地予原告；及拆除系爭鐵門；暨訴請被告應給付原告1,637元，及其法定遲延利息，均有理由，應予准許。逾此範圍之請求，為無理由，應予駁回。

五、本件事證已臻明確，兩造其餘主張及攻擊防禦方法，經審酌與本件判決結果不生影響，爰不逐一論述。

六、本件原告勝訴部分係就民事訴訟法第427條訴訟適用簡易程序所為被告敗訴之判決，依同法第389條第1項第3款規定，應依職權宣告假執行。又原告雖陳明願供擔保，請准宣告假執行，無非係促請本院依職權為假執行之發動，自無為准駁諭知之必要。至原告就敗訴部分雖陳明願供擔保聲請宣告假執行，因訴之駁回而失所依附，不予准許。另被告雖未陳明願供擔保免為假執行，惟本院審酌原告拆除系爭草皮區、滯

洪池、鐵門對被告權益影響非輕,應予被告供擔保免為假執行之機會,爰審酌上開地上物之占用系爭土地及同段 699-5地號土地之面積為450.898平方公尺,且系爭土地及同段699-5地號土地於106年1月之公告現值均為880 元,暨本件不當得利金額為1,637元等情,爰酌定以398,427元為擔保之金額【計算式:450.898平方公尺× 880元/平方公尺+1,637 元=398,427 元,角不計入】,於被告預供擔保後得免為假執行之諭知。

七、訴訟費用負擔之說明:本件原告雖屬一部勝訴、一部敗訴,然原告前開敗訴部分僅屬附帶請求之不當得利部分,且敗訴部分甚微,是爰依民事訴訟法第79 條、第87條第1項之規定,認本件訴訟費用仍應由被告負擔。

中　華　民　國　107　年　9　月　13　日
　　　　臺灣南投地方法院南投簡易庭
　　　　　　法　官　劉彥宏

以上為正本係照原本作成。

如不服本判決,應於送達後20日內,向本院提出上訴狀並表明上訴理由,如於本判決宣示後送達前提起上訴者,應於判決送達後20日內補提上訴理由書(須附繕本);並向本院繳足上訴裁判費。

中　華　民　國　107　年　9　月　13　日
　　　　　　書記官　陳政伸

南 投 縣 南 投 地 政 事 務 所 複 丈 成 果 圖

比例尺：1/1200

北 ←

1 / 1200

區塊	坐落位置地號	坐落面積 (m²)
A	699-4	260
	699-5	146
部分為未登錄土地		

區塊	佔用地號	佔用面積(m²)	備註
A	699-9	0	道路
	699-10	0	
	合計	0	
B	699-9	117	地毯草區域
	699-10	30	
	合計	147	
C	699-9	301	灘洪池
	699-10	0	
	合計	301	

土地坐落	南投縣 名間鄉 番子寮段 699-4、699-5地號
囑託法院及文號	臺灣南投地方法院107年5月14日投院明民鳳107投商51字第007643號函
囑託事項	補繪事項：一、A匯塊(長條狀)之土地坐落位置及面積 二、圖面ab補繪欄所坐落之地號(依圖，部分坐落699-5地號。)
收件日期	107年5月23日
文號	土地複丈 字第116800號
複丈日期	107年6月21日
附記	本成果圖僅供法院參考不得發給土地所有權人
說明	一、A匯塊(長條狀)之土地坐落位置及面積，詳如右表所示。 二、圖面ab補繪所坐落之地號為699-5地號及未登錄土地。

中華民國 107 年 6 月

畜牲法官以及陳師孟的嘴臉 —— 190

惟此枉法裁判，違法又無效之判決，經筆者書寫詳細之上訴理由書上訴後，分案為107年度簡上字第70號，由法官林永祥、朱慧真、許凱傑三人合議審理，結果為「上訴駁回，訴訟費用由上訴人負擔。」茲將筆者之上訴理由書狀及107年度簡上字第70號民事判決分別登載如下，以供全民檢驗。（如附件24、25）

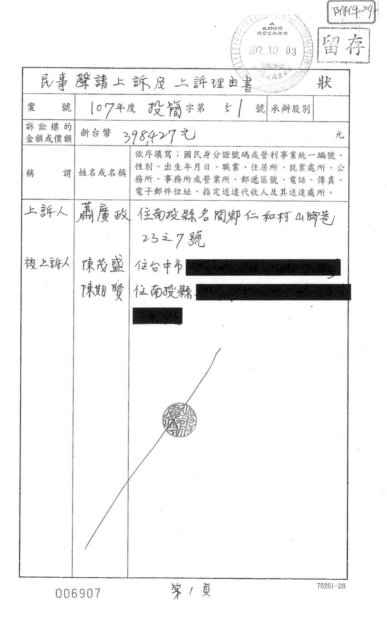

右當事人間請求返還土地等事件，上訴人
對於中華民國107年9月13日台灣南投地方法
院南投簡易庭107年度投簡字第51號判決
提起上訴，茲聲明如下：

聲明

一、原判決廢棄。

二、被上訴人在第一審之訴及假執行之聲請均駁
回。

三、第一、二審訴訟費用由被上訴人負擔。

理由

一、被上訴人沒有占有使用系爭名間鄉番子寮段
699-9、699-10地號土地（下稱系爭土地）之
事實。查上訴人於96年9月以妻林美雲名義
購買南投縣名間鄉番子寮段，一塊三面為
番子寮溪及其支流包圍之農地，地號為699
-3、699-5、699、699-4。於著手開發後，
被告上訴人宣稱在二溪匯流處之水利地（如
南投地政事務所106年1月23日複丈成果圖C
所示）上之二叢竹筍、一棵龍眼樹為渠等
所種植，向上訴人索取該水利地之使用權利

011001　　　　　第2頁　　　　　70201-27

金50萬元，上訴人以該水利地面積為301平方公尺，惟扣除護岸及斜坡面，可使用面積僅約4、50坪，且該地為袋地，除經過上訴人配偶所有且經合法申請許可鋪設之農路外，無任何對外通行之道路，詎被上訴人配偶林美雲於96年9月購入上開農地後，即未曾見被上訴人耕作系爭土地，而被上訴人陳茂盛更是籍設台中市南屯區文昌街227巷40號，並未居住系爭土地附近，對於渠等索討權利金50萬元乙事，上訴人乃予以拒絕。因699-10地號上堤防有缺口長達17公尺，即缺口處與兩端堤防比較，高度不足1.5公尺，上訴人乃於99年間以無因管理之法律關係，自費僱工補齊堤防高度，並依水土保持措施作護岸栽種高低木及草皮後，被上訴人等竟自溪底架設簡易木梯，爬上三公尺高堤防種植香蕉樹數株，並於100年申請將該水利地登錄為國有，並編列地號為699-9、699-10。嗣於103年被上訴人等向國有財產署以「現使用人」之身分申租耕作，

011002　　　　第3頁　　　　70201-27

193

租期自103年9月1日起至112年12月31日止。惟事實上被上訴人自爬上護岸種植數株香蕉後，完全無任何施肥、整修、除草、噴藥或採果之耕作行為，任令荒蕪。至104年12月間，上訴人見該地荒蕪，各類藤蔓、雜草，尤其是有"綠癌"之稱的小花蔓澤蘭四處蔓延，影響自然生態及毗鄰上訴人夫妻經營之果園，上訴人乃僱工清除。而系爭土地上被上訴人種植之香蕉，因地處低窪，日久積水淹沒，亦全數枯死。被上訴人遂以上訴人在毗鄰所有農路入口設置柵欄，妨害渠等承租之權利為理由，向南投地檢署提告竊佔罪，檢察官起訴後，南投地院判處上訴人有期徒刑一年，經上訴後，台中高分院改判有期徒刑四月，案號為106年度上易字第471號。

二、按當事人主張有利於己之事實者，就其事實有舉證之責任，民事訴訟法第277條定有明文。本件上訴人否認被上訴人有占有使用耕作系爭土地之事實，被上訴人自應就該

事實負舉證責任。被上訴人雖提出「國有耕地放租租賃契約書」，並舉證人即國有財產署承辦人員林永松到庭為證。惟依「國有非公用不動產出租管理辦法」（財政部國有財產署104年6月10日修正公布）第3條、第7條、第16條、第17條之規定，如非國有非公用不動產之現使用人，國有財產署即不得以「現使用人」之身分出租予承租人。為此聲請鈞院調閱系爭土地之「國有耕地放租租賃契約書」，審視其中有無被上訴人為施肥、除草、噴藥或採收之相關照片，如有必要，請通知出具使用系爭土地之四鄰證人到庭作證。又系爭土地為袋地，除經過上訴人配偶所有且經合法申請許可舖設之農路外，無任何對外通行之道路，為原判決所是認，而系爭土地三面均毗鄰深達三公尺高之堤防（護岸），即使乾季，被上訴人要爬上護岸耕作，已是困難重重，殊屬不易，何況流經之畚子寮溪及其支流，每年汛期自二月至十月，長達九月之久，在水勢

195

端急之情況下，被上訴人焉能如渠等所述：「……下到河床後，由河道繞到系爭土地」，且系爭土地毗鄰之番子寮溪及其支流，兩旁均係他人所有農地」，被上訴人並非鄰地所有權人，也不可能穿越他人所有土地下到河床，再爬上溪流護岸進入系爭土地。證人林永松於原審所述，顯與事實不符，係勾串被上訴人所為之偽證，日後上訴人將依法舉發。

三、按民法第964條規定：「占有，因占有人喪失其對於該物之事實上管領力而消滅。」上訴人配偶於96年9月買受本件699-3、699、699-5、699-4等地號土地以前，被上訴人縱有占有使用699-9地號國有土地之事實，惟該地自上訴人配偶買受699-5、699-4地號土地並點交占有後，已完全無對外通行之道路，已如上述，被上訴人已喪失該地之事實上管領力，並非占有人，原審竟認定上訴人為占有人，其認事用法顯有違誤。且上訴人配偶為系爭土地鄰地所有權人，被上訴人

既未占有系爭土地，且其租用系爭土地係偽造文書之不法行為，應屬無效，上訴人夫妻自得依上開「國有非公用不動產出租管理辦法」之規定，申請承租系爭土地。矧系爭土地為窪地，自上訴人將699-10地號旁之護岸加高後，日久即形成滯洪池，依水土保持法相關法規，為有益水土保持之公益行為，而上訴人於將系爭土地上有害生態保護之小花蔓澤蘭等清除後，完全未為耕作或其他使用之行為，亦即上訴人對於系爭土地並未為任何占有之行為，原審竟然認定上訴人使用占有系爭土地，亦屬無據。

四、被上訴人既非系爭國有土地之事實上占有人，亦非現使用人，依上開「國有非公用不動產出租管理辦法」，國有財產署即不得以被上訴人為「現使用人」，將該699-9地號國有地出租予被上訴人耕作，此為行政不法，承辦人員林永松等及被上訴人均共同觸犯刑法第213條之公文書登載不實

罪。又被上訴人既全然無路以通行至699
-9地號國有地，事實上也無任何佔有使
用之耕作行為，其竟然向國有財產署簽訂
契約承租，其目的顯係阻止上訴人夫妻依
法向該署承租使用，依民法第148條規
定：「權利之行使，不得違反公共利益，
或以損害他人為主要目的。」被上訴人此
舉顯然超越權利行使之界限，應不生效
力。又民法第71條：「法律行為，違反強
制或禁止之規定者，無效。」第72條亦規
定：「法律行為，有背於公共秩序或善
良風俗者無效。」被上訴人違法勾串國有財
產署訂立不實之租賃契約，依上開法條，
其法律行為自始、當然、確定無效。原審
竟然無視於此，曲意袒護被上訴人，而
為荒謬無據之判決，真不知其意圖何在，
令人費解。

五、本件相關承辦司法人員之違法失職犯行，
上訴人已檢具事證，陳請監察院調查處
理，一併在此敘明。

011007　　　　第 8 頁　　　　70201-27

畜牲法官以及陳師孟的嘴臉 ─── 198

六、為此聲明上訴，請求廢棄原判決。

此致

台灣南投地方法院民事庭　公鑒

證物名稱 及 件 數	

中華民國　107　年　10　月　3　日

　　　　具狀人　蕭廣政　簽名蓋章

　　　　撰狀人　　　　簽名蓋章

017897　　第9頁

70201-28

臺灣南投地方法院民事判決

107年度簡上字第70號

上　訴　人	蕭廣政	住南投縣名間鄉仁和村山腳巷23之7號
被　上訴人	陳茂盛	住臺中市 ██████████
	陳期賢	住南投縣 ████████████

上列當事人間返還土地等事件，上訴人對於民國107 年9 月13日本院南投簡易庭107 年度投簡字第51號民事簡易判決提起上訴，經本院於民國108 年5 月8 日言詞辯論終結，判決如下：

主　文

上訴駁回。

訴訟費用由上訴人負擔。

事實及理由

一、被上訴人主張：

(一)坐落南投縣名間鄉番子寮段（下稱同段）699-9 、699-10地號土地（下分別稱系爭699-9 、699-10地號土地，合稱系爭土地），為中華民國所有由訴外人財政部國有財產署（下稱國產署）管理。又被上訴人之祖輩於民國47年間起即於系爭土地上耕作，至70年間由被上訴人接手耕作，並於90年間開始向國產署辦理承租手續，然因面積不詳之問題，嗣於103 年9 月1 日，始向國產署辦理完成承租，故被上訴人對系爭土地具事實上管領力。

(二)未料上訴人明知系爭土地為袋地且為被上訴人耕作使用中，竟於99年間在通往系爭土地之水泥產業道路上，設置如附圖即南投縣南投地政事務所（下稱南投地政）複丈日期107 年6 月21日土地複丈成果圖（下稱附圖）編號a-b 所示之電動鐵捲門（下稱系爭鐵門）禁止被上訴人進入。進而將被上訴人承租之系爭土地上原本栽種之農作物刈除後，並於土地上挖掘滯洪池並私做堤防，案經被上訴人提出竊佔罪告訴，並由臺灣高等法院臺中分院106 年度上易字第471 號判處有期徒刑4 月確定。可見上訴人為圖一己私利，在系爭土地上唯一對外聯絡道路上設置系爭鐵門，並於系爭土地上挖掘如附圖編號C 所示之滯洪池(下稱系爭滯洪池) ，及於如附圖編

號B 所示之土地種植地毯草（下稱系爭地毯草），業已妨礙被上訴人之通行權，以及對系爭土地之支配關係，故訴請上訴人應拆除系爭鐵門，及填平系爭滯洪池並移除系爭地毯草，返還土地予被上訴人。

㈢另上訴人於99年、100 年間起設置系爭鐵門，並阻止被上訴人進入系爭土地，且設置系爭滯洪池、種植系爭地毯草而無權占用被上訴人所承租之系爭土地，被上訴人自可請求相當於租金之不當得利。爰依民法第787 條、第962 條、第179 條之規定，提起本件訴訟等語。並聲明：上訴人應將系爭土地上之系爭地毯草移除，及系爭滯洪池填平，並將前開占用之土地返還與被上訴人；上訴人應將坐落同段699-5 地號土地及未登錄土地上之系爭鐵門拆除；上訴人應給付被上訴人新臺幣（下同）3,696 元，並自起訴狀繕本送達翌日起至清償日止，按年息百分之五計算之利息；願供擔保准予宣告假執行。

㈣被上訴人於本院之補充陳述：由本院105 年度易字第228 號及臺灣高等法院臺中分院106 年上易字471 號刑事判決可證上訴人確有不法占用系爭土地，且系爭土地為袋地，被上訴人依法對如附圖編號A 所示之道路（下稱系爭道路）有通行權存在。

二、上訴人則以：

㈠系爭699 地號土地三面均係深約3 公尺之溪流，僅有訴外人即上訴人配偶林美雲經合法申請之農路（即系爭道路）可供通行，且該道路係上訴人於98年9 月間向南投縣政府申請將該農路作為農業使用，經核准後以鋼筋水泥改善路面，並加設仿木欄杆以維安全。又系爭道路大部分均坐落於同段699-5 、699-4 地號土地範圍內，縱有少部分坐落於未登錄國有地，上訴人亦於向前手購買後即取得該土地部分之占有，故依占有狀態及所有權之權能，上訴人本得於系爭道路之路口設置柵欄管理人車出入，並禁止他人進入上開土地。

㈡另上訴人於96年9 月以林美雲名義購入同段699 、699-3 、

699-4 、699-5 地號等4 筆土地之前，被上訴人縱有占有使用系爭土地之事實，然於上訴人買受並占有同段699-4 、699-5 地號土地後，系爭土地已完全無對外通行之道路，被上訴人已喪失系爭土地之事實上管領力，亦非現使用人，故國產署即不得將系爭土地出租與非現使用人之被上訴人。且被上訴人向國產署承租系爭土地顯係為阻止上訴人向國產署承租系爭土地，屬於權利濫用之行為。

㈢上訴人上訴主張：

1. 林美雲於96年9 月購入同段699 、699-3 、699-4 、699-5 地號等4 筆土地後，即未曾見過被上訴人耕作系爭土地，而被上訴人陳茂盛更是設籍於臺中市南屯區文昌街227 巷40號，並未居住在系爭土地物附近。

2. 又國產署與被上訴人間之契約為無效，上訴人也可以向國產署承租。況且，同段699 、699-3 、699-4 、699-5 地號等4 筆土地之所有權人為林美雲而非上訴人，則原審判決內容究竟應如何執行亦屬有疑。並聲明：①原判決廢棄②被上訴人在第一、二審之訴及假執行之聲請均駁回③第一、二審訴訟費用由被上訴人負擔。

三、原審審斟酌兩造之主張、聲明陳述及攻擊防禦方法，認上訴人無權占有被上訴人所承租之系爭土地，上訴人應將系爭土地上之系爭地毯草移除，及系爭滯洪池填平，並將前開占用之土地返還與被上訴人；上訴人應將坐落同段699-5 地號土地及未登錄土地上之系爭鐵門拆除；上訴人應給付1,637 元，及自106年9月1日起至清償日止，按週年利率百分之五計算之利息；被上訴人其餘之訴駁回；本判決得假執行。但上訴人如以39萬8,427 元為被上訴人預供擔保後，得免為假執行；被上訴人其餘假執行之聲請駁回。上訴人不服，提起上訴，並聲明：原判決廢棄；前項廢棄部分，被上訴人第一審之訴及其假執行之聲請均駁回。被上訴人則聲明：上訴駁回。

四、本院之判斷：

(一)經查，系爭土地為中華民國所有由國產署管理，為袋地無相鄰接之公路，且由被上訴人於103 年間向國產署承租系爭699-9 、及699-10土地為耕作使用，租期為103 年9 月1 日起至112 年12月31日止，此有國有耕地放租租賃契約書、系爭土地登記第一類謄本、地籍圖謄本、國有土地地理資訊系統表、現場照片12張等件附卷可稽（ 見本院原審卷第23至26頁、第121 至140 頁），且為兩造所不爭執，自應堪信前開事實為真。

(二)又按法院認應證之事實重要，且舉證人之聲請正當者，應以裁定命他造提出文書。就(1) 該當事人於訴訟程序中曾經引用者，(2) 他造依法律規定，得請求交付或閱覽者，(3) 為他造之利益而作者，(4) 商業帳簿，(5) 就與本件訴訟有關之事項所作者，當事人有提出之義務。再當事人無正當理由不從提出文書之命者，法院得審酌情形認他造關於該文書之主張或依該文書應證之事實為真實，民事訴訟法第343 條至第345 條分有明文。並依民事訴訟法第367 條規定，該法第343 條至第345 條規定，於勘驗準用之。查被上訴人復主張上訴人於同段699-5 地號土地及未登錄土地設有如附圖所示a-b 之系爭鐵門，及於系爭土地上設有如附圖編號B 所示、面積147 平方公尺之地毯草區域，及編號C 所示、面積301 平方公尺之滯洪池等情。經原審先於106 年12月21日會同被上訴人及南投地政所人員至現場勘測，惟上訴人當場以毋庸配合為由拒卻系爭土地及系爭鐵門現況之勘測；嗣原審另於107 年6 月14日裁定命上訴人於10日內補正可至現場勘測之期日，上訴人仍未依期限提出。又本件訴訟涉及通行權及占有之事實，自有於現場勘驗測量系爭土地之必要，是揆諸前揭規定，上訴人既無正當理由拒卻勘驗，本院自得審酌一切情狀，而認被上訴人關於此部分之主張為真實。準此，被上訴人聲請調閱南投地政106 年1 月23日土地複丈成果圖即附圖，作為證明系爭鐵門坐落位置，及系爭滯洪池、系爭地毯草坐落於系爭土地上之位置及面積，均屬有據。從而，系爭

土地現況及系爭鐵門坐落位置即如附圖所示，是被上訴人此
部分主張，亦堪信為真實。

(三)上訴人應將占用之系爭土地，如附圖編號B、C所示之系爭
地毯草及系爭滯洪池移除，並返還予被上訴人：

1. 按占有人，其占有被侵奪者，得請求返還其占有物；占有被
妨害者，得請求除去其妨害；占有有被妨害之虞者，得請求
防止其妨害。民法第962條定有明文。又租賃物交付後，承
租人於租賃關係存續中，有繼續占有其物而為使用收益之權
利。故其占有被侵奪時，承租人自得對於無權占有之他人，
行使其占有物返還請求權，此就民法第423條、第941條及
第962條等規定觀之甚明（最高法院43年台上字第176號判
例參照）。占有物返還請求權之行使，以占有人之占有被侵
奪為要件，此觀民法第962條之規定自明。所謂占有之侵奪
，係指違反占有人之意思，以積極之不法行為，將占有物之
全部或一部移入自己之管領而言（最高法院104年度台上字
第656號判決參照）。被上訴人主張其為系爭土地之占有人
，而上訴人無權占用系爭土地等情。經查，依被上訴人於原
審審理中陳述：「（問：何時開始耕作系爭土地？鐵柵欄何
時施作？）答：...鐵柵欄於100年時就已經圍起來，101
年後我們當時使用河道旁之水泥梯下道河床後由河道繞到系
爭土地，後因上訴人拆除水泥梯並加高河道之堤防」等語(
見本院原審卷第232頁)明確，核與上訴人於答辯狀中自陳
「...被上訴人等逕自溪底架設簡易木梯爬上3公尺提防種
植香蕉樹數株...」等語(見本院原審卷第253頁)大致相
符，顯見被上訴人確於系爭土地上種植作物，並參以被上訴
人現為系爭土地之承租人，足見被上訴人自屬系爭土地之占
有人甚明。另查上訴人於系爭土地上開挖系爭滯洪池，並種
植系爭地毯草，並未經被上訴人同意，顯屬違反占有人即被
上訴人之意思，且上訴人對於系爭土地並無正當使用權源，
即將系爭土地置於己所管領之下，自屬無權侵奪被上訴人對
於系爭土地之占有，是被上訴人主張依占有人之物上請求權

01　，除去上訴人對系爭土地使用之妨害，回復系爭土地之原狀

02　，並返還系爭土地予被上訴人，即屬有據。

03 2.又上訴人雖辯被上訴人就系爭土地並無事實上管領力云云。

04　然依證人即國產署人員林永松於原審審理中結證述：「（問

05　：699-9、699-10地號土地何時承租於被上訴人？有無交付

06　？）答：699-9 土地於103 年9 月份承租，699-10土地因法

07　律上原因無法承租，但被上訴人有使用情形，所以國有財產

08　署有向被上訴人收取使用補償金。699-9 土地當時被上訴人

09　已經有耕作使用，我們有去現場看，可以進入，有農作。」

10　等語（見本院原審卷第233 至第244 頁）甚詳，益徵被上訴

11　人對系爭土地具管領力，而為占有人。且上訴人所稱被上訴

12　人已失其管領力，係因上訴人占用系爭土地後，並將性質上

13　屬於袋地之土地設置阻隔，方始被上訴人無法實際使用亦為

14　上訴人所自陳（見本院上訴卷第66頁），上訴人卻反辯稱被

15　上訴人喪失對系爭土地之管領力，且系爭土地為袋地，國有

16　財產署應無法承租。惟此本屬占有人物上請求權之權利行使

17　之態樣，即依民法上之占有物返還請求權觀之，本係以占有

18　人之占有被侵奪為要件，此觀民法第962 條規定至明。是可

19　知占有人因遭他人不法侵奪或妨害其占有，而占有人始得依

20　占有人物上請求權返還或除去之，故所謂占有人對於占有物

21　需具事實上管領力，即係指於受侵奪或妨害前，占有人對於

22　占有物需具事實上之管領力，而非指占有人行使物上請求權

23　時，需對於占有物具事實上管領力，否則民法第962 條規定

24　則形同具文。依上所述，足認上訴人此部分所辯，實非可採

25　。

26 3.另上訴人復辯以被上訴人向國產署承租系爭土地為權利濫用

27　，並主張國產署與被上訴人間之契約為無效（見上訴卷第66

28　頁）云云。惟按事人主張有利於己之事實者，就其事實有舉

29　證之責任。民事訴訟法第277 條本文定有明文。是上訴人就

30　此利己事項，自應負擔舉證之責，然上訴人僅泛稱被上訴人

31　權利濫用云云，而未具體提出相關事證以實其說，本院自無

從為有利上訴人之認定。然證人即國產署人員林永松於原審審理中結證述：系爭699-9地號土地於103年9月份承租，系爭699-10地號土地因法律上原因無法承租等語（見本院原審卷第233至244頁）甚詳，足認被上訴人對於使用系爭土地有得原權利人之同意，至上訴人主張國產署與被上訴人間之契約效力之判斷非本案訴訟標的，亦非本案認定被上訴人主張有無理由之必要事實，是上訴人此部分所辯或於答辯狀中空言指稱「國有財產署...涉嫌刑法上之公務員業務等載不實罪」，均無可採。

㈣被上訴人請求上訴人應將如附圖編號a-b所示之系爭鐵門拆除，核屬有據：

1. 按土地因與公路無適宜之聯絡，致不能為通常使用時，除因土地所有人之任意行為所生者外，土地所有人得通行周圍地以至公路。前項情形，有通行權人應於通行必要之範圍內，擇其周圍地損害最少之處所及方法為之。第774條至前條規定，於地上權人、農育權人、不動產役權人、典權人、承租人、其他土地、建築物或其他工作物利用人準用之。民法第787條第1項、第2項前段、第800條之1分別定有明文。又鄰地通行權為鄰地所有權之擴張，其目的在解決與公路無適宜聯絡之土地之通行問題，自應限於必要之程度，且應選擇對鄰地損害最少之處所為之（最高法院83年度台上字第1606號判決參照）。復所謂通行必要範圍內，周圍地損害最少之處所及方法，應依社會通常之觀念，就附近周圍地之土地性質、地理狀況，相鄰土地所有人及利用人之利害得失，斟酌判斷之（最高法院98年度台上字第1842號判決參照）。經查，系爭土地為袋地，又被上訴人乃為系爭土地之承租人，業如前述。是被上訴人自得依民法第800條之1規定準用同法第787條第1項之規定，對如附圖編號A所示之土地，主張袋地通行權之存在。又審酌如附圖編號A所示之土地，分別坐落於同段699-5、699-4地號土地及未登錄土地上，位處同段699-5、699-4地號土地之西南側一隅，且現況為

01 水泥路面之道路，可供人車通行等情，此有南投地政107 年
02 6 月21日複丈成果圖、現場照片4 張附卷可參（本院原審卷
03 第236 頁、第187 至189 頁），是衡酌前開通行路線之面積
04 、位置、使用現況等因素，該通行路線所佔同段699-5 、69
05 9- 4地號土地總面積之比例尚小，且該通行路線係沿溪谷通
06 行，並未將同段699-5 、699 -4地號土地割裂為二，而影響
07 前開土地整體利用，且該通行路線之現況，為鋪設水泥之路
08 面而無種植農作物，本屬可供車輛通行使用之情，故應認如
09 附圖編號A 所示之通行路線，應屬符合系爭土地通行之必要
10 範圍內，對周圍地侵害最少之通行方法，是被上訴人就附圖
11 編號A 所示之土地應有通行權存在。
12 2.次按鄰地通行權之性質，為土地所有權人所有權之擴張，與
13 　鄰地所有權人所有權之限制，是以土地所有權人或使用權人
14 　，如確有通行鄰地之必要，鄰地所有權人或使用權人，即有
15 　容忍其通行之義務，此為法律上之物的負擔（最高法院70年
16 　度台上字第3334號判決參照）。通行權人既經確認有通行權
17 　存在，被通行地之所有人及使用人自有容忍之義務，如有阻
18 　止或妨害之行為，通行權人當得依據民法第767 條物上請求
19 　權之規定，請求予以禁止或排除（最高法院88年度台上字第
20 　2864號判決意旨參照）。經查，如附圖編號a-b 所示之系爭
21 　鐵門為上訴人所設置乙節，為上訴人所不爭，又系爭鐵門坐
22 　落於如附圖編號A 所示之通行路線之南側入口等情，有履勘
23 　照片4 張及南投地政事務所複丈成果圖即附圖為證。足見系
24 　爭鐵門確已阻礙被上訴人自前揭通行路線出入，且已妨礙被
25 　上訴人行使民法第787 條第1 項前段之袋地通行權，揆諸上
26 　揭意旨，被上訴人自得請求排除干涉。從而，被上訴人本於
27 　袋地通行權及物上請求權之法律關係，請求上訴人應將如附
28 　圖編號a-b 所示之系爭鐵門移除，即屬有據。
29 3.至上訴人復辯稱其本得依所有權及占有之事實設置鐵門云云
30 　。然參酌民法第787 條所規定袋地通行權之立法精神，目的
31 　不僅在調和土地所有人間之利害關係，且在充分發揮土地之

經濟效用，以促進社會整體利益，是鄰地通行權之行使，於土地所有人方面，為所有權之擴張，於鄰地所有人方面，則為所有權之限制。準此，被上訴人就附圖編號A 所示之土地，既有通行權之存在，則就該部分土地，所有權人之所有權能，亦因而受有限制，故縱上訴人得同段699-5 、699-4 地號土地所有權人之同意，允許其設置系爭鐵門，然亦不得為妨礙被上訴人鄰地通行權之行使，是上訴人此部分所辯，洵難採信。

4. 另上訴人上訴主張系爭鐵門及系爭土地所通行之道路即系爭669-4 及669-5 地號土地之所有權人，均為其配偶林美雪所有，有土地登記第一類謄本在卷可參(見本院原審卷第193 至205 頁) ，惟上訴人於原審提出之答辯狀稱「被告自得本於所有權權能在農路入口設置柵欄管制人車出入」(見本院原審卷第257 頁) ，顯見其對於其為該袋地上之占有人，且為阻止或妨害被上訴人通行之行為人，此部分亦為被上訴人所主張之事實，是被上訴人自得依上開規定向妨害及阻止通行之人即上訴人主張將如附圖編號a-b 所示之系爭鐵門移除，上訴人辯稱土地所有權人為伊太太的，原審判決無效(見本院上訴卷第66頁) 云云，顯為法律適用之誤解，此部分上訴之理由即無可採。

(五)上訴人應給付被上訴人1,637 元及相關法定利息，應屬有據：

1. 按無法律上之原因而受利益，致他人受損害者，應返還其利益，民法第179 條前段定有明文。又占有人主張其占有被侵奪，致其不能就占有物為使用收益，依侵權行為之規定，請求侵奪人賠償相當於租金之損害者，必侵奪人確有占有該物妨礙占有人使用收益，始足當之（最高法院96年度台上字第424 號判決參照）。復無權占有他人土地，可能獲得相當於租金之利益，為社會通常之觀念。其依不當得利之法則請求返還不當得利，以無法律上之原因而受利益，致他人受有損害為其要件，故得請求返還之範圍，固應以對方所受之利益

為度，非以請求人所受損害若干為準，惟於審酌對方所受之利益時，如無客觀具體數據可資計算，請求人所受損害之數額，未嘗不可據為計算不當得利之標準（最高法院92年度台上字第324號判決參照）。經查，被上訴人為系爭土地之承租人即合法權利人，而上訴人於系爭土地設有系爭滯洪池及種植系地毯草，為侵奪被上訴人對於系爭土地之占有，已如前述。故依前揭意旨，被上訴人請求上訴人應返還前開地上物占用系爭土地而相當於租金之不當得利部分，即屬有據。

2. 又被上訴人主張上訴人應給付102年1月至107年6月間之不當得利金額為3,696元等語。然查，上訴人分別係於100年間栽種系爭地毯草，而於104年12月間興建系爭滯洪池；又系爭699-9、699-10地號土地面積分別為523、127平方公尺，而系爭地毯草占用系爭699-9、699-10地號土地面積分別為117、30平方公尺，另系爭滯洪池占用系爭699-9地號土地面積為301平方公尺；且系爭699-9地號土地每年之租金為540元，而系爭699-10地號土地，每半年之補償金為66元等情。此有國產署自行收納款項收據3張、繳款人收執13張、系爭土地第一類登記謄本、地籍圖謄本、如附圖所示之複丈成果圖等件附卷為證（見本院原審卷第27至37頁、121至125頁、第307至310頁）；且經原審依職權調取本院105年度易字第228號、臺灣高等法院臺中分院106年度上易字第471號判決查明屬實。是揆諸前揭意旨，上訴人所有之系爭滯洪池及系爭地毯草既屬無權占用被上訴人所承租之系爭土地，則被上訴人訴請上訴人應給付相當於租金之不當得利，即屬有據。又查系爭地毯草係於100年間即已栽種，則被上訴人自得請求102年1月至107年6月之不當得利，是上訴人就種植系爭地毯草占用系爭土地所應給付之不當得利金額為835元【計算式：《（117平方公尺÷523平方公尺）×540元×5.5年》+《（30平方公尺÷127平方公尺）×66元×11期》＝835元，角不計入】。另就系爭滯洪池則係於104年12月間始為興建，故上訴人就此部分無權占用

系爭土地之期間即為2年7月，是上訴人就系爭滯洪池應給付之相當於租金之不當得利金額即為802元【計算式：（301平方公尺÷523平方公尺）×540元×（2+7/12）年＝802元，角不計入】。從而，被上訴人就上訴人無權占用其所承租之系爭土地部分，於請求不當得利金額為1,637元範圍內【計算式：835元+802元＝1,637元】，即屬有據。逾此範圍之請求，則屬無據，應予駁回。

3. 末按遲延之債務，以支付金錢為標的者，債權人得請求依法定利率計算之遲延利息；應付利息之債務，其利率未經約定，亦無法律可據者，週年利率為百分之五；給付無確定期限者，債務人於債權人得請求給付時，經其催告而未為給付，自受催告時起，負遲延責任。其經債權人起訴而送達訴狀，或依督促程序送達支付命令，或為其他相類之行為者，與催告有同一之效力。民法第233條第1項前段、第203條、第229條第2項定有明文。本件被上訴人提出之起訴狀，於106年8月31日送達上訴人，此有本院於原審之送達證書在卷可稽，是被上訴人請求上訴人就前開不當得利之金額，自起訴狀繕本送達上訴人之翌日即106年9月1日起，按週年利率5%計算至清償日之金額等節，亦屬有據。

五、綜上所述，被上訴人依民法第787條第1項、第962條前段、中段及179條之規定，請求上訴人應將坐落於系爭土地上之系爭滯洪池、系爭地毯草填平移除，並返還所占用之土地予被上訴人；及拆除系爭鐵門；暨訴請上訴人應給付被上訴人1,637元，及其法定遲延利息，為有理由，均應予准許，逾此範圍之請求，即為無理由，應予駁回。從而，原審為被上訴人部分勝訴之判決，經核並無不合。上訴論旨指摘原判決不當，請求就原判決廢棄改判，為無理由，應駁回其上訴。

六、至兩造其餘之攻擊或防禦方法及未經援用之證據，經本院斟酌後，認為均不足以影響本判決之結果，自無逐一詳予論駁之必要。均附此敘明。

七、據上論結，[...]依民事訴訟法第436 條之1
　　第3項[...]第449 條[...]，判決如主文。
中　華　民　國　108　年　　5　月　　29　　日
　　　　　　　民事第[...]長法　官　林永祥
　　　　　　　　　　　　　　法　官　朱慧真
　　　　　　　　　　　　　　法　官　許凱傑
以上正本係[...]原本作成。
本判決不得[...]。
中　華　民　國　108　年　　5　月　　31　　日
　　　　　　　　　　　書記官
附圖：

土地坐落	南投縣　名間鄉
	番子寮段
	699-4、699-5 地號
囑託法院及文號	臺灣南投地方法院 107 年 5 月 14 日投簡明民鳳 107 投簡 51 字第 007643 號函
囑託事項	補繪事項： 一、A 區塊(長條狀)之土地坐落位置及面積。 二、圖面 ab 柵欄所坐落之地號(依圖，部分坐落 699-5 地號)。
收件日期文號	107 年 5 月 23 日
	土地複丈字第 116800 號
複丈日期	107 年 6 月 21 日
附記	本成果圖僅供法院參考不得發給土地所有權人
說明	一、A 區塊(長條狀)之土地坐落位置及面積，詳如右表所示。 二、圖面 ab 柵欄所坐落之地號為 699-5 地號及未登錄土地。

北

區

A

B

中華民國 107 年 6 月

情勢既然發展至此，只有依法提起再審之訴以為救濟。茲循例刊載如下，以就教於先進。（107年度簡上字第70號聲請提起再審之訴狀，如附件26）

附件26

聲請提起再審之訴		狀		
案　　號	107年度	簡上字第 70 號	承辦股別	寅
訴訟標的 金額或價額	新台幣			元
稱　　謂	姓名或名稱	依序填寫；國民身分證號碼或營利事業統一編號、性別、出生年月日、職業、住居所、就業處所、公務所、事務所或營業所、郵遞區號、電話、傳真、電子郵件位址、指定送達代收人及其送達處所。		
聲請人 即被告	蕭廣政	住南投縣名間鄉仁和村山腳巷23之7號 電話：		
相對人 即原告	陳茂盛 陳期賢	住台中市 住南投縣		

為對於台灣南投地方法院107年度簡上字第70號民事判決（宣判日108年5月29日）聲明不服，茲提起再審之訴。

聲　明

一、原判決廢棄。

二、原告在第一、二審之訴及假執行之聲請均駁回。

三、第一、二審及本件再審之訴之訴訟費用均由原告負擔。

理　由

一、民事訴訟法第五百條規定：再審之訴，應於三十日之不變期間內提起；前項期間，自判決確定時起算，判決於送達前確定者，自送達時起算。查上開南投地方法院107年度簡上字第70號民事判決，宣判日為108年5月29日，聲請人即被告（以下簡稱被告）係於108年6月5日收受判決之送達，有送達證書在卷可稽，爰依法於30日之不變期間內提起本件再審之訴，至於裁判費用請鈞院核定後裁定補繳之。

011031　　　　　　第2頁　　　　　　70201-27

二、 按適用法規顯有錯誤者；判決理由與主文顯
有矛盾者；為判決基礎之證物係偽造或變
造者；當事人發現未經斟酌之證物或得使用
該證物者。民事訴訟法第496條第1項第1、2
、9、13款分別定有明文。同法第497條再規
定：依第466條不得上訴於第三審法院之事件
，除前條規定外，其經第二審確定之判決，
如就足影響於判決之重要證物，漏未斟酌
，而得提起再審之訴。又法院為判決時，
應斟酌全辯論意旨及調查證據之結果，依
自由心證判斷事實之真偽。法院依自由心證
判斷事實之真偽，不得違背論理及經驗
法則。民事訴訟法第222條第1項及第3項
分別定有明文。

三、當事人適格為法院應依職權調查事項，如
有欠缺，法院不須為實体判決，而應將原
告之訴駁回。法院誤為實体判決，為無
效判決，當事人得依上訴、再審除去之。
又確認之訴必須與確認利益相互結合，在
確認訴訟中，當事人適格之有無，通說採

215

取以有气確認利益做為判斷基準。亦即主觀訴之利益與客觀訴之利益相結合，直接由紛爭解決必要性與實效性觀点出發，考慮在特定原告與被告間，就系爭法律關係存否透過法院判決予以確認，是否得以適切有效地解決紛爭。又在給付之訴，有実体法上管理處分權者，有訴訟法上當事人適格（訴訟實施權）。又民法第787條所定袋地所有人之必要通行權，實務上就此項請求權基礎大多逕以上開通行權規定為據，惟依理論嚴格以言，土地必要通行權性質上並非独立之權利，僅係該土地所有權內容之擴張，是其請求權基礎應是民法第767條之物上請求權，台中地方法院100年訴字第1373号確認通行權存在事件可資參照。查本件原告主張其就附圖編号A所示之土地有通行權存在，惟該A地分別坐落在名間鄉畚子寮段699-4、699-5地号上，該二筆土地係被告之妻林美雪於民國96年9月間併同吡鄰之699-3、699地号土

70201-27

地所一起買受，有土地登記簿謄本在卷可稽，原告對此不爭執，且為原確定判決所是認，依民法第765條規定：「所有人於法令限制之範圍內，得自由使用、收益、處分其所有物，並排除他人之干涉。」該699-5、699-4地號土地所有權人為林美雲，並非被告，被告在實体法上並無管理處分之權限，是以原告在本件確認之訴兼具物上請求權之訴訟，自應以林美雲為被告，始為當事人適格，其竟以非所有權人之被告提起本訴，原審亦未依職權調查審認，而逕為實体判決，自係適用法規顯有錯誤之違法。

四、原告主張似于係確認其就附圖編号A所示之土地有通行權存在，惟本件一審107年度投簡字第51号判決，僅於理由內記載「是原告就附圖編号A所示之土地應有通行權存在。」（見該判決書第8頁第19行），原審就此除重覆為同一之文字敘述外，僅再增加認定：「從而，被上訴人本於袋地通行

70201-27

權及物上請求權之法律關係，請求上訴人應將如附圖編號3-b所示之系爭鐵門移除，即屬有據。」等語。按本件一審107年度投簡字第51號判決，就此部分僅於主文內記載：「被告應將坐落南投縣名間鄉書子寮段699之5地號土地及未登錄土地上，如附圖編號3-b所示之鐵門拆除。」原審判決而為同一之認定，均完全未於主文內宣示原告就如附圖A部分之土地有通行權存在，被告有容忍通行之義務，並不得妨阻等語，顯有判決理由與主文顯有矛盾之違法。又本件一、二審判決均認定民法第787條所規定袋地通行權之立法精神，目的不僅在調和土地所有人間之利害關係，且在充分發揮土地之經濟效用，以促進社會整体利益，是鄰地通行權之行使，於土地所有人方面，為所有權之擴張，於鄰地所有人方面，則為所有權之限制。（見一審判決第9頁第8行至第14行，二審判決第8頁倒數第2行以下）。因此，民法第787條第2項復規定：「前項情形，有

通行權人應於通行必要之範圍內，擇其周圍地損害最少之處所及方法為之；對於通行地因此所受之損害，並應支付償金。」查原告與國有財產署間所訂耕地租貸契約縱使合法有效，原告也有占有系爭土地耕作之事實，惟原告承租之 699-9 地号即如複丈成果圖 C 範圍所示，其面積僅 301 平方公尺，而扣除周圍陡峭无法耕作使用之堤防斜坡面，僅餘約 100 平方公尺，已經被告於原審陳明，為原告所不否認；而訴外人即被告之妻林美雪所有如附圖所示 A 部分之農路，自柵欄入口起算至 699-9 國有地，長達 130 公尺，平均寬度在 4 公尺以上，合計面積超過 520 平方公尺，以 100 平方公尺之袋地，欲通行廣達 520 平方公尺之鄰地以至公路，顯然不合乎比例原則。且該農路入口之柵欄，如附圖 a 至 b 之間寬達 5 夹 8 公尺，遠超過農路之平均寬度 4 公尺，而柵欄本体寬度遠超過門柱体，長達 7 公尺以上，且係一体成型，无法分割存在，原審判決竟諭知被告应将如附

70201-27

图编号a-b所示之鐵門拆除，完全違反民法第787條袋地所有人之必要通行權之規定。又原告自承在系爭國有地上種植竹筍二、三叢，縱使實在，其在被告之妻林美雲96年9月間購買毗鄰之699及699-4等四筆農地後，該國有地已成典型之袋地，除通行如附圖A所示林美雲所有之699-4、699-5地号上之農路外，毋由通行至該國有地占有耕作使用。其後原告勾結國有財產署以現使用人之身分於103年間違法簽訂耕地租貸契約（租期自103年9月1日起至112年12月31日止）後，因毋通行之道路進入耕作，乃自承：「從番子寮溪架梯攀爬進入上開國有土地種植香蕉數株。」核興台中高分院106年度上易字第471号被告被訴竊佔案，承審法官王邁揚等認定：「陳茂盛等為宣示其等有合法租賃関係存在，乃從番子寮溪架梯攀爬方式進入上開土地種植香蕉數株。」等語相符。原告既毋通行道路至該國有地耕作，其種植香蕉及主張竹筍為業

等所種植，僅係作為向被告索取使用國有地權利金新台幣50萬元之手段。按當事人主張有利於己之事實者，就其事實有舉證之責任，民事訴訟法第277條定有明文。原告除勾結國有財產署承辦官員簽訂不實違法無效之耕地租賃契約外，根本無法舉證證明其等有如何占有及耕作之事實，而即原告對系爭國有地並非「為通常使用」，核與民法第787條袋地所有人之必要通行權，其要件係土地所有人就該袋地應為「通常使用」之要件不符。甚且前開袋地所有人之必要通行權之規定，其立法意旨在調和通行權人與鄰地所有權人之經濟利益，因此規定有通行權人對於通行地因此所受之損害，並應支付償金。原審判決不但違法認定原告就訴外人林美雪所有農路有通行權，且於主文諭示將附著於農路上依法權屬土地所有人林美雪之鐵門拆除，嚴重侵害土地所有權人之權利，甚且判決主文內隻字未提原告應支

221

付償金予土地所有權人林美雲或被告，判決完全與袋地所有人之必要通行權法條精神相違背，亦即判決理由內認定原告就附表A所示之土地有通行權，惟在主文內卻未依法諭知原告應本於袋地通行權之規定，支付償金予被告。此部分亦係判決理由與主文顯有矛盾。

五、民法第940條規定：「對於物有事實上管領之力者，為占有人。」所謂對於物有事實上管領之力，如對於物已有確定及繼續之支配關係，或者已立於得排除他人干涉之狀態者，均可謂對於物已有事實上之管領力。苟對於物無事實上管領力者，縱令放置於一定處所，並標示為何人占有，亦不能認其有占有之事實。53年台上字第861号判例可資參照。因之，我國目前的通說，並不認為「占有」是「權利」，而係認為它是「事實」。原告承租之系爭國有地為袋地，已如上述，毗鄰之農地699-4、699地号二筆農地均為被告之妻林美雲於96年9月間所買受，並辦理所有權移轉登

011039　第10頁　70201-27

記，而該國有地其他交界處，為面臨三公尺深的書子象溪及其支流，每年二月至隔年十月為汛期，更不可能涉溪攀越三公尺高之堤防（護岸）進入國有地。依106年8月2日修正公布之「國有非公用不動產出租管理辦法」，如為國有地「現使用人」，依該法第17條第2款，國有財產署得逕予出租。而依該法第16條，非公用不動產逕予出租之程序如下：一、申請。二、收件。三、勘查。四、審查。五、通知繳交歷年使用補償金。六、訂約。本件國有地出租之承辦員林永松，於第一審審理時結證稱其有「去現場看，可以進入，有農作」等語，推該國有地為袋地，非穿越他人土地無由進入，且依被告留存之現場照片所示，該地雜草叢生、礫石遍布，毫無耕作之跡象，證人林永松上開所言，顯係偽證。原告既非現使用人，國有財產署竟勾串原告偽造不實之耕地租賃契約出租予原告，此在民法上屬於「給付不能」，且為自始、客觀、完全不能，該租賃契約為不能履

011040　　　　　第11頁

70201-27

223

行，依最高法院52年台上字第518号判例，自屬無效。原審竟以該偽造之國有地租賃契約作為本件判決之基礎，依民事訴訟法第496條第1項第9款，被告自得據以提起本件再審。又原告縱主張系爭國有地上原留存之二叢竹筍，為渠等或其祖先所種植，其後又架梯自溪底攀爬堤防進入國有地種植數株香蕉，惟依前揭53年台上字第861号判例所示，原告對於系爭國有地既乏事實上管領力，即非民法第940條所定之「占有人」，其主張依民法第962條占有人物上請求權之規定，請求被告返還系爭國有地，即失所依據。尤有甚者，原審判決主文内諭知被告應將附圖編号B所示、面積147平方公尺之地毯草移除，將占用之土地返還原告云云。惟查該編号B所示土地，大部分在被告之妻林美雲所有699地号土地範圍内，原審不查，竟判決被告應將該部分之土地返還原告，自係侵害林美雲該土地所有權之權能，且係無效判決，此部分亦係原審

011041　　　　　第12頁　　　　　70201-27

適用法規，顯有錯誤。

六、至於原審援引之南投地方法院105年度易字第22
8號、台灣高等法院台中分院106年度上易字第47
1號判決部分，承審法官刑事部分涉有枉法
裁判，已經向監察院陳情申請依法調查彈
劾，以及向民間司改會申請監督評鑑。另
民事部分被告則對渠等提起公務員侵權行為
損害賠償之訴。本件原審之承審法官刑事
部分構成刑法第124條之枉法裁判罪，被告
亦將比照前揭方式處理，只不過法官法修正
通過後，被告可直接向法官評鑑委員會申請
評鑑，效率更高，併此敘明。　　　　此致

台灣南投地方法院　　　　　　　公鑒

證物名稱及件數	一、107年度簡上字第70號南投地院民事判決影本一份 二、請求公務員侵權行為損害賠償起訴狀影本一份 三、監察院函影本一份

中　華　民　國　　108　年　　7　月　　2　日

具狀人　蕭廣政　　簽名蓋章

撰狀人　蕭廣政　　簽名蓋章

按刑法第124條規定:「有審判職務之公務員或仲裁人,為枉法之裁判或仲裁者,處一年以上七年以下有期徒刑。」上開劉彥宏、林永祥、朱慧真、許凱傑四名人渣法官,均係犯該條之枉法裁判罪,林永祥、朱慧貞、許凱傑三人之間,有犯意聯絡及行為分擔,為共同正犯。

　　晚清譴責小說《官場現形記》,卷首有茂苑惜秋生序:「送迎之外無治績,供張之外無材能;羊狼狼貪之技,他人所不忍出者,而官出之,蠅營狗苟之行,他人所不屑為者,而官為之……。種種荒謬、種種乖戾,雖罄筆墨,不能書也!」整本書中幾乎沒有善良角色,只有壞人,連書中慈禧太后也承認「通天底下一十八省,哪裡來的清官!」南投地院這些人渣垃圾法官之表現,可謂古今相互輝映!

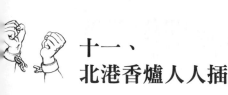

十一、
北港香爐人人插

　　筆者接獲台中高分院106年度上易字第47號竊占案之判決書後，氣忿異常，乃書寫聲明書指摘法官王邁揚、許冰芬、姚勳昌枉法裁判，係披著法袍之禽獸，豬狗不如，除寄送予昔日台中市分院熟識的法官外，並登載於經營之「雙流休閒民宿」官網上之訪客貼文，以及筆者手機號碼之Line群組，以還自身之清白。按名譽是指社會對特定公民的品格、思想、道德、作用、才幹等方面的社會評價。名譽集中體現了人格尊嚴。而法官應平亭曲直、定分止爭，維護社會正義，保障人民權益。職是，司法人員自應砥礪廉隅，恪遵職守，蔚為優良的風氣，以為社會之楷模，方能樹立司法威信，厚植法治之根基。

　　惟許多司法人員不知潔身自愛，違法亂紀，無惡不作，輕者欠缺敬業精神，遲延辦案，或利用上班時間外出釣魚、種菜，或嫖妓養小三，重者瀆職收賂等不一而足，致司法公信力低落至不堪想像之地步，即以今年國立中央大學犯罪研究中心民調顯示，僅21.9%的民眾相信法官可以公平公正審理，卻有高達8成的民眾不信任法官審理案件的公正性。而以審理筆者竊占案之法官姚勳昌、許冰芬、王邁揚而言，亦均枉法裁判，忝不知恥。按豬能提供肉食，狗能看門及撫慰人心，對人類貢獻極大，然渠等三人坐領高薪，不以定分止爭，保障人權為己任，而從事違法亂紀，戕害人權之勾當，所以筆者乃敘明具體理由，指摘渠等係「披著法袍的禽獸，豬狗不如」。法官王邁揚、許冰芬二人自知理虧，無從辯駁，只能唾面自乾，不敢對筆者提出妨害名譽或公然侮辱之告訴。而姚勳昌明知其係戕害人權無惡不作之下三濫，毫無名譽可言，卻不甘受辱指揮南投地檢署檢察官張弘昌對筆者提起妨害名譽罪之公訴，起訴書詳如下載（詳附件27）。法官姚勳昌之行徑，猶如妓院的老鴇，硬是教門口圍事的黑道小弟張弘昌，精心製作一面貞操帶，藉以昭告天下，司法那如皇后般的貞操，是不容他人褻瀆的。

2410810057 3 和 股

臺灣南投地方檢察署檢察官起訴書

108年度偵字第335號

被　　告　蕭廣政　男　64歲（民國　年月　日生）

住南投縣名間鄉仁和村山腳巷23之7
號

國民身分證統一編號：　　　　號

上列被告因妨害名譽案件，已經偵查終結，認應提起公訴，茲將
犯罪事實及證據並所犯法條分敘如下：

　　犯罪事實

一、蕭廣政於民國106年11月15日，基於妨害名譽之誹謗、公然
　　侮辱等犯意，意圖散布於眾，在南投縣名間鄉仁和村山腳巷
　　23之7號住處（雙流休閒民宿），以電腦網路設備連上臉書
　　FACEBOOK刊登如下之公開貼文「本人強烈譴責台中高分院法
　　官王邁揚、許冰芬、姚勳昌枉法裁判，係披著法袍之禽獸，
　　豬狗不如，其行徑如下：一、本人於96年9月以妻名義購買
　　南投縣名間鄉番子寮段，一塊三面為番子寮溪及其支流包圍
　　之農地，地號為699-3、699-5、699、699-4。於著手開發
　　後，陳茂盛、陳棋賢宣稱在二溪匯流處之水利地（如附圖A、
　　B所示、面積為448平方公尺，扣除護岸及斜坡面，可用面積
　　僅約4、50坪，且該地為袋地，除經過本人配偶所有且經合
　　法申請許可之農路外，無任何對外通行之道路）上之二叢竹
　　筍、一棵龍眼樹為渠等所種植，向本人索取該水利地之使用
　　權利金50萬元，本人不從。二、因A地堤防有缺口長達17公
　　尺，即缺口處與兩端堤防比較，高度不足1.5公尺，本人乃
　　於99年自費僱工補齊堤防高度，並依水土保持法施作護岸栽
　　種高、低木及草皮後，陳茂盛等竟自溪底架設簡易木梯爬上
　　三公尺高堤防種植香蕉數株，並於100年申請將該水利地登
　　錄為國有，並編列號為699-9、699-10。嗣於103年陳茂盛等
　　向國有財產署以現使用人之身分申租耕作，租期自103年9月

1日起至112年12月31日止，惟事實上渠等全未耕作，任令荒蕪。至104年12月，本人見該地廢耕已久，各類藤蔓、雜草，尤其是有"綠癌"之稱的小花蔓澤蘭四處蔓延，影響自然生態及毗鄰之本人果園，乃僱工清除。陳茂盛等遂以本人在所有農路入口設置柵欄，妨害渠等承租之權利，向南投地檢署提告竊佔罪，檢察官起訴後，南投地院判處本人有期徒刑一年，經本人上訴後，台中高分院改判有期徒刑四月，案號為106年度上易字第471號，歡迎國人上網查看這些畜牲法官是如何污衊本人、作賤自己、糟踏司法，並歡迎媒體朋友來現場看司法的獸行。核該三隻豬狗不如法官，係犯刑法第124條之枉法裁判罪及第310條之誹謗罪，本人已依法提告。聲明人：蕭廣政106年11月15日於南投雙流休閒民宿（本人原任花蓮地院法官兼院長，於94.11.1退休）」供不特定人瀏覽，傳述此等足以毀損他人名譽之事，並公然侮辱人。案經姚勳昌告訴偵辦而查獲。

二、案經姚勳昌告訴偵辦。

　　　　證據並所犯法條

一、證據清單及待證事實：

編號	證據名稱	待證事實
1	被告蕭廣政之供述	被告為前開妨害名譽之犯行。
2	證人即告訴人姚勳昌之證述、證人林美雲之證述	被告為前開妨害名譽之犯行。
3	網路瀏覽臉書列印資料	被告為前開妨害名譽之犯行。

二、核被告蕭廣政所為，係犯刑法第309條第1項之公然侮辱、同法第310條第2項、第1項之散布文字加重誹謗等罪嫌。被告係以一行為觸犯數罪名，請依刑法第55條規定，從一重處

斷。

三、至於告訴意旨認為被告前開行為另涉犯刑法第140條第1、2項之侮辱公務員、公署等罪嫌部分，按刑法上所規範之「侮辱」行為，乃指不指摘具體事實，而從事可能貶損他人社會評價之一切輕蔑人之行為。所謂公然侮辱公署，係指對公署抽象罵詈、嘲笑、侮蔑，並未指摘具體之事實。我國為民主法治國家，容許多元聲音存在，即應對人民之言論自由給予最大限度之維護，俾國民得以實現自我、溝通意見、追求真理及監督各種政治或社會活動之功能得以發揮。據此，行為人在多數人得共見共聞之情狀下所為言詞，倘係針對特定事實為意見評論，且所論述有所依據並合情理，即應予以支持，而不輕易加諸刑罰以禁絕之。職是，應限於行為人並非對於政府機關提出具體指摘，而係以抽象侮辱性言詞貶損政府機關或公務員尊嚴之場合，始得令負刑法第140條第2項之刑責。而同條第1項之侮辱公務員罪，則以於公務員依法執行職務時，當場侮辱或對其依法執行之職務公然侮辱者，為構成要件。經查：衡諸被告前開臉書發文係針對特定裁判及為該裁判之特定法官為之，尚難認係對公署之公然侮辱，而其行為時亦非於公務員依法執行職務時，「當場」侮辱之。上開侮辱公務員、公署部分若成立犯罪，因與前揭起訴部分，具有想像競合裁判上一罪關係，應為起訴效力所及，爰不另為不起訴處分，附此敘明。

四、依刑事訴訟法第251條第1項提起公訴。

此　　致

臺灣南投地方法院

中　華　民　國　108　年　1　月　12　日

檢察官　張　弘　昌

本件證明與原本無異

中　　華　　民　　國　　108　年　1　月　29　日

3

書記官　周　宏　泉　周宏泉

附錄所犯法條：

中華民國刑法第309條

（公然侮辱罪）

公然侮辱人者，處拘役或 3 百元以下罰金。

以強暴犯前項之罪者，處 1 年以下有期徒刑、拘役或 5 百元以下罰金。

中華民國刑法第310條

（誹謗罪）

意圖散布於眾，而指摘或傳述足以毀損他人名譽之事者，為誹謗罪，處 1 年以下有期徒刑、拘役或 5 百元以下罰金。

散布文字、圖畫犯前項之罪者，處 2 年以下有期徒刑、拘役或 1 千元以下罰金。

對於所誹謗之事，能證明其為真實者，不罰。但涉於私德而與公共利益無關者，不在此限。

十二、
有關係就沒有關係，沒有關係就有關係

　　按筆者夫妻於99年間在妻所有農地入口設置電動鐵柵門管制人車出入，以維住宅安全，南投地院承辦法官陳鈴香、台中高分院承審法官姚勳昌、許冰芬、王邁揚等，均明知陳茂盛等承租之國有地係袋地，沒有可供通行之道路以到達使用耕作，完全沒有占有之事實，並非「現使用人」，該103年9月簽訂之國有地租賃契約，明顯係陳茂盛等勾結國有財產署承辦人員，以向筆者訛詐50萬元之用，竟以筆者設置柵欄妨害陳茂盛等承租之權利為由，將筆者以竊占罪判處罪刑確定，嚴重損害筆者之名譽，筆者自得依民法第186條第1項之規定，對渠等提起公務員侵權行為損害賠償之訴。筆者乃分別於108年3月25日及108年4月2日提起訴訟，起訴狀之內容依序詳述於下：（一）被告陳鈴香部分（附件28）。（二）被告姚勳昌、許冰芬、王邁揚部分（附件29）。

請求公務員侵權行為損害賠償起訴狀

案　　號	年度	字第	號	承辦股別
訴訟標的金額或價額	新台幣 三百萬			元

稱　　謂	姓名或名稱	依序填寫；國民身分證號碼或營利事業統一編號、性別、出生年月日、職業、住居所、就業處所、公務所、事務所或營業所、郵遞區號、電話、傳真、電子郵件位址、指定送達代收人及其送達處所。
原　告	蕭廣政	國民身分證統一編號： 性別：男　生日：　　　職業： 旅宿業。 住南投縣名間鄉仁和村4腳巷23-7號 電話： 傳真： 電子郵件位址：
被　告	陳鈴香	就業處所：　台中市西區自由路91號 台中地方法院 刑十二庭

70201-26

233

應受判決事項之聲明

一、被告應給付原告新台幣（下同）參佰萬元，及自起訴狀送達之翌日起至清償日止，按年利率百分之五計算之利息。

二、被告應於國內四大主要報紙自由時報、蘋果日報、聯合報及中國時報之醒目顯著版面連續三日刊登道歉啟事。

三、訴訟費用由被告負擔。

訴訟標的

民法第 186 條第 1 項之公務員侵權行為損害賠償責任請求權。

原因事實

一、本件被告原為南投地方法院法官，渠審理該院 105 年度易字第 228 號原告被訴竊佔案件枉法裁判之時間（即宣判日）為 106 年 3 月 28 日，侵權行為地點為南投市中興路 759 號，爰於損害賠償請求權之二年消滅時效完成前提起本訴。又本件被告侵權行為地為南投縣南投市，已如上述，依民事訴訟法第 1 項規定，自得由行為地之法院即南投

011008

70201-27

地方法院管轄，核先敘明。

二、被告審理南投地方法院105年度易字第228
號原告被訴竊佔案件，依該判決認定：原
告明知畚子寮段699-9、699-10地是國有土地
（原為未登錄之水利地，於100年9月14日
經陳茂盛、陳期賢申請，始編列地號）上
原有他人陳茂盛、陳期賢種植之綠竹筍、龍眼
樹、香蕉等作物，且該地縱屬袋地，但
耕作之人長年可沿繞原有農用道路（即原告
之妻所有699-5、699-4地是土地臨溪之農路
）進出，原告為了維護其所經營「双流
休閒民宿」整体景觀之一致性、防止毒蛇
侵入民宿及毗鄰上開國有地之699、699-4所
有土地土石流失等私益之動机及目的，在農
用道路入口設置電動鉄捲柵門，禁止未
經同意者隨意入內，使陳茂盛等管領能力
遭限制剝奪，妨害渠等承租權利。原告
又於前開699-10地是上原有1公尺餘高之堤防
（護岸），僱工以鋼筋混凝土加高至約3公
尺，以與兩端堤防等高，旁边再栽種喬

011009

70201-27

235

木、地毯草，並沿該二筆土地護岸栽種成排灌木。嗣陳茂盛等主張其等為699-9、699-10地号土地之原始占有人，而向國有財產署辦理承租，其中699-9地号土地（面積523平方公尺）由國有財產署放租予陳茂盛等耕作，租期自103年9月1日起至112年12月31日止，陳茂盛等為宣示其等有合法租賃關係存在，乃從崙子寮溪架梯攀爬方式進入上開土地種植香蕉數株。原告另於104年12月間僱工在699-9地号土地上挖掘滯洪池（面積301平方公尺），陳茂盛等要求原告賠償未果，遂提起告訴，計原告合計竊佔699-9地号土地418平方公尺，竊佔699-10地号土地面積30平方公尺云云。

三、惟查該判決認定國有財產署放租與陳茂盛等耕作之土地為699-9地号，不包括699-10地号，而認定原告竊佔699-9地号為侵害陳茂盛等承租權，另一方面又認定原告竊佔699-10地号土地，兩者顯然矛盾不一，為故意栽贓之舉。又699-5、699-4地号旁边臨溪之農路

011010

70201-27

，大部分均在699－5、699－4地号土地範圍內，而毗鄰溪边之農路縱有少部分為未登錄國有地，惟兩者均係原告之妻於購買699－3、699、699－5、699－4等地号土地時，一併向前手所買受，而受讓土地之占有，依民法第940條、第943條第1項、第765條及第790條，原告夫妻自得本於所有權之權能在農路入口設置柵欄管制人車進出，並禁止他人侵入上開土地內。且依該判決認定之事實，原告設置電動柵欄之時間為民國99年間，而陳茂盛等承租上開國有地之時間為自103年9月1日起至112年12月31日止，有如上述，則原告於99年間設置電動柵欄時，該承租國有地之租賃契約並不存在，試問原告要如何妨害陳茂盛等承租權利？被告係故意忽視民法有關所有權權能之規定，移花接木，嚴重偏袒陳茂盛等人而為枉法裁判。

四、陳茂盛等既無可供通行之道路至承租之699－9号國有地，此在民法上屬於「給付不能」，且為自始、客觀、完全不能，該租賃契

011011

70201-27

約為不能履行，依最高法院52年台上字第51
8號判例，自屬無效。又權利之行使，不得
違反公共利益，或以損害他人為主要目的，民
法第148條第1項定有明文。又查權利之行
使，是否以損害他人為主要目的，應就權利
人因權利行使所能取得之利益，與他人及國家
社會因其權利行使所受之損失，比較權衡以
定之。倘其權利之行使，自己所得利益極少
而他人及國家社會所受之損失甚大者，非不得
視為以損害他人為主要目的，此乃權利社會
化之基本內涵所必然之解釋，最高法院71年
台上字第737號判例闡述甚明。上開國有地上
綠竹筍兩叢、龍眼一株，縱係陳茂盛等早
年或其祖先所種植，不僅數量極少，且依
原告留存之現場照片所示，所謂「種植地區
」，雜草叢生、碎石遍布，陳茂盛等根
本未曾照顧，難有任何收穫，渠等承租之
舉僅係作為向原告索求50萬元土地使用權
利金之手段。而香蕉數株則是原告於99年
間在699-10地號上補脩堤防缺口後，由陳

011012

茂盛等從善子寮溪底架梯攀爬3公尺高之堤防進入種植，由於缺乏照料及水位逐漸上升，也全然枯死。尤其是有"綠癌"之稱的小花蔓澤蘭，因具有優勢之毛性繁殖能力，快速且大量生長的狀況下，常導致其他植物遭受覆蓋吸收不到充足的陽光而死亡，此時毗鄰上開國有地之原告夫妻果園即成為最大的受害者，如果不予全面性的清除，煩不勝煩，永無寧日。原告遭起訴後，該國有地即保留原貌，未予更動，因而其上小花蔓澤蘭及其他雜草之生長狀況又與原告104年12月間僱工清除前一模一樣。被告對原告此有利之辯解却完全不予置理，其欲入人於罪，昭然若揭。

五、按刑法第320條第二項之竊佔罪，其主觀上有竊佔他人不動產之故意，意即行為人須有排除他人對不動產持有之認識與意欲而實施其行為，且需具備所謂不法利益之意圖，再者客觀上需有竊佔之行為，即排除他人對不動產之持有而為自己或第三人取得該不動

011013

70201-27

239

產之持有行為。台南高分院97年度上易字第244號判決可資參照。原告於99年間補齊堤防缺口並完成護岸工程前，對於系爭國有地上原有之綠竹筍並未有任何更動行為，反而陳茂盛等二人於護岸工程完工後，如二審認定：「為宣示其等有合法租賃關係存在，乃從舊子寮溪架搭攀爬方式進入上開土地種植香蕉數株。」原告對渠等種植香蕉之舉並未有任何阻撓或破坏之行為，為陳茂盛等人所不否認，且陳茂盛等猶自103年9月1日起以「現使用人」之身分承租該國有地，並繳清前五年使用國有地之租金，足見自99年間原告為補齊堤防工程後，迄104年12月間原告清除小花蔓澤蘭等前，系爭國有地均係陳茂盛等占有使用。可見原告並未排除陳茂盛二人之占有，竊任何竊佔可言。

六、被告所作判決稱：原告自費3,40萬元補齊堤防高度施作護岸，在其上栽種喬木、灌木、地毯草及挖掘滯洪池後，所謂水土保

011014

70201-27

畜牲法官以及陳師孟的嘴臉 ──── 240

按之目的已然達成，若非為「双流休閒民宿」之整体視覺景觀，豈有必要定期整理、悉心維護，而令系爭土地甚至雜亂情形。且滯洪池並非全然坐落在699-9地号上，部分位於原告之妻所有699地号上，益見原告施作駁崁（判決誤為挖掘滯洪池）時，所考慮者為民宿整体景观之一致性，原告係為個人之私益云云。惟查水土保持工程施作後，依法應定期維護，如除虫、修剪、灑水等，以保持自然生態景觀，此观水土保持法及水土保持技術規範自明，関於此点，原告已於答辯狀詳予説明，被告視而不見，且將此种精神上之合法利益无限上綱為財產上之利益，其荒謬之程度可謂舉世罕見。

七、綜上所述，原告並无竊佔之犯意及行為，被告竟扭曲事實，顛倒黑白，其為枉法裁判行為至為明確。核被告枉法裁判，不法侵害原告之名譽，依民法等195條，原告自得請賠償相當金額之非財產上損害

011015

，並得請求回復名譽之適當處分，爰提起本訴，求為判決如訴之聲明所示。此致

南投地方法院民事庭　　　公鑒

證物名稱	一、105年度偵字第2884號起訴書. 五、監察院函
及件數	二、一審及二審判決書.
	三、原告二審答辯狀'
	四、聲請再審狀及再審裁定。

中華民國　　　１０８　年　　３　月　１５　　　日

具狀人　　蕭廣政　　　　　　簽名蓋章

撰狀人　　　　　　　　　　　簽名蓋章

017901

70201-28

243

請求公務員侵權行為損害賠償起訴狀		狀
案　　號	年度　　　字第　　　號	承辦股別
訴訟標的金額或價額	新台幣 陸佰萬 ——————— 元	
稱　　謂	姓名或名稱	依序填寫；國民身分證號碼或營利事業統一編號、性別、出生年月日、職業、住居所、就業處所、公務所、事務所或營業所、郵遞區號、電話、傳真、電子郵件位址、指定送達代收人及其送達處所。
原　告	蕭廣政	國民身分證統一編號： 性別：男　生日：　　　職業： 旅宿業。 住南投縣名間鄉仁和村山腳巷23－7號 電話： 傳真： 電子郵件位址：
被　告	姚勳昌	就業處所 40246 台中市南區五權南路99號 台中高分院刑事庭
	許水芬	就業處所 40246 台中市南區五權南路99號 台中高分院刑事庭
	王邁揚	就業處所 40246 台中市南區五權南路99號 台中高分院刑事庭

006908　　　　　　　第一頁　　　　　70201-26

應受判決事項之聲明

一、被告姚勳昌、許冰芳、王邁揚應連帶給付原告新台幣（下同）陸佰萬元，及自起訴狀送達之翌日起至清償日止，按年利率百分之五計算之利息。

二、被告姚勳昌、許冰芳、王邁揚應共同於國內四大主要報紙自由時報、蘋果日報、聯合報及中國時報之醒目顯著版面連續三日刊登道歉啟事。

三、訴訟費用由被告姚勳昌、許冰芳、王邁揚連帶負擔。

訴訟標的

民法第186條第1項之公務員侵權行為損害賠償責任請求權。

原因事實

一、本件被告三人為台灣高等法院台中分院（以下簡稱台中高分院）法官，渠等審理該院106年度上易字第471號原告被訴竊佔案件枉法裁判誣指原告犯竊佔罪，而共同不法侵害原告之名譽，其侵權行為之時間為106年10月25日（即宣

011017　　　　第二頁　　　　70201-27

245

判日)，侵權行為地點為台中市南區五權南路99號。基於侵權行為損害賠償請求權之二年消滅時效完成前提起本訴。又本件被告侵權行為地為台中，有如上述，依民事訴訟法第15條第1項規定，自得由行為地之法院即台灣台中地方法院管轄，核乞鑒明。

二、被告等審理台中高分院106年度上易字第471號原告被訴刑事案，依該判決認定：原告明知南投縣名間鄉番子寮段699-9、699-10地號國有土地（原為未登錄之水利地，於100年9月14日經陳茂盛、陳期賢申請，始編列地號）上原有他人陳茂盛、陳期賢種植之綠竹筍、龍眼樹、香蕉等作物，且該地縱屬袋地，但耕作之人長年可沿繞原有農用道路（即原告之妻所有699-5、699-4地號土地臨溪之農路）進出，原告為了維護其所經營「双流休閒民宿」整体景觀之一致性、防止毒蛇侵入民宿及毗鄰上開國有土地之699、699-4號所有土地土石流失等私益之動機及目的，在農用道路入口設置電動鉄捲柵門，禁

011018　　　　第三頁　　　　70201-27

畜牲法官以及陳師孟的嘴臉 ―――― 246

止未經同意者隨意入內，使陳茂盛等管領能力遭限制剝奪，妨害渠等承租權利。原告又於前開699-10地号上原有1公尺餘高之堤防（護岸），僱工以鋼筋混凝土加高至約3公尺，以與兩端堤防等高，旁边再栽種喬木、地毯草，並沿該二筆土地護岸栽種成排灌木。嗣陳茂盛等主張其等為699-9、699-10地号土地之原始占有人，而向國有財產署辦理承租，其中699-9地号土地（面積523平方公尺）由國有財產署放租于陳茂盛等耕作，租期自103年9月1日起至112年12月31日止，陳茂盛等為宣示其等合法租賃關係存在，乃從番子寮溪架梯攀爬方式進入上開土地種植香蕉數株。原告另於104年12月間僱工在699-9地号土地上挖堀滯洪池（面積301平方公尺），陳茂盛等要求原告賠償未果，遂提起告訴。計原告合計窈佔699-9地号土地418平方公尺，窈佔699-10地号土地面積30平方公尺之云。

三、惟查該判決認定國有財產署放租與陳茂盛等耕作之土地為699-9地号，不包括699-10地號

此觀該判決第4頁之首載明「陳茂盛、陳期賢承租之土地係第699-9地號，因第699-10地号土地為水利地（原告按：應係行水區，被告三人均不瞭解事實，胡亂認定），非其等承租範圍」等語自明，惟該判決又認定原告設置電動鐵捲柵門，「使事實上管領第699-9、699-10地號土地之陳茂盛、陳期賢等法循原方式進入，其等事實上管領能力遭受限制剝奪……」（參見判決書第2頁第11行以下），而認定原告窃佔土地之範圍及於699-10地号，兩相矛盾，且699-10地号土地為行水區，此观南投地政事務所複丈成果圖自明，試問被告三人：行水區之土地為水流行經之地，要如何佔有使用？足見該判決之荒誕不經，不堪檢驗。

四、本件699-5. 699-4地號旁边臨溪之農路，大部分均在699-5、699-4地號土地範圍內，而毗鄰溪边之農路縱有少部分因河川整治截弯取直之關係，而有未登錄國有地，惟兩者均係原告之妻於購買699-3、699、699-5、699-4等地

號土地時，一併向前手所買受，而受讓土地之占有，依民法第940條、第943條第1項、第765條及第790條，原告夫妻自得本於所有權之權能在農路入口設置柵欄管制人車進出，並禁止他人侵入上開土地內。且該私有農路係原告之妻於民國98年間向南投縣政府所申請核准而開設，此有南投縣名間鄉公所98年10月21日製發的 名鄉字第1098000756号自行收納款項統一收據可稽，足見該農路非一般供公眾通行之道路，他人無權使用。且依該判決認定之事實，原告設置電動柵欄之時間為民國99年間，而陳茂盛等承租上開國有地之時間為自103年9月1日起至112年12月31日止，已如上述，則原告於99年間設置電動柵欄時，該承租國有地之租賃契約並不存在，試問原告要如何妨害陳茂盛等承租之權利？被告等顯係 移花接木，其目的無非係偏袒達该承租之陳茂盛等，而故為枉法裁判。

五、陳茂盛等既無可供通行之道路至所承租之

699-9號國有地，此亦為該判決所是認，國有財產署竟出租與陳茂盛等耕作，此在民法上屬於「給付不能」，且為自始、客觀完全不能，該租賃契約為不能履行，依最高法院52年台上字第518號判例，自屬無效。

又依106年8月2日修正公布之「國有非公用不動產出租管理辦法」，如為「現使用人」，依該法第17條第2款國有財產署得逕予出租。而依該法第16條，非公用不動產逕予出租之程序如下：一、申請。二、收件。三、勘查。四、審查。五、通知繳交歷年使用補償金。六、訂約。

原告夫妻於96年9月間買受本件畨子寮段699-3、699、699-5、699-4等地號土地時，系爭699-9地號上僅有綠竹筍兩叢、龍眼一株，依原告留存之現場照片所示，該地雜草叢生、礫石遍布，陳茂盛等雖主張為渠等所有，惟因缺乏照料耕作，難有任何收穫。

其後原告於99年間在農用道路入口設置電動柵門，管制人車進出，陳茂盛等更多由利用原告夫妻所有農用道路以達承租之國有地

，否則不會如該判決所稱：「陳茂盛等為室示其等有合法租賃關係存在，乃從書子寮邊架梯攀爬方式進入上開土地種植香蕉數株。」陳茂盛等之道路通行承租之699-9地号國有地，也沒有耕作之事實，即非「現使用人」，此只要國有財產署承辦人員到場勘查自明。惟國有財產署竟違法出租予陳茂盛等人，自係互相勾結共犯偽造文書罪。被告等明知此情，不但未依刑事訴訟法第241條：「公務員因執行職務知有犯罪嫌疑者，應為告發。」之規定，主動告發陳茂盛等偽造文書罪，且横柴入灶，以該違法之租賃契約誣指原告犯竊佔罪，豈是狼心狗肺所可形容。

六、經查權利之行使，不得違反公共利益，或以損害他人為主要目的，民法第148條第1項定有明文。又查權利之行使，是否以損害他人為主要目的，應就權利人因權利行使所能取得之利益，與他人及國家社會因其權利行使所受之損失，比較權衡以定之。倘其權

70201-27

251

利之行使，自己所得利益極少而他人及國家社會所受之損失甚大者，非不得視為以損害他人為主要目的，此乃權利社會化之基本內涵所必然之解釋，最高法院71年台上字第737号判例闡述甚明。上開國有地上綠竹筍兩叢、龍眼一株，縱係陳茂盛等早年或其祖先所種植，不僅數量極少，且依原告留存之現場照片所示，所謂「種植地區」，雜草橫生，石樂石遍布，陳茂盛等根本未曾耕作照顧，難有任何收穫，已如上述，渠等承租之舉僅係作為向原告索求50萬元「土地使用權利金」之手段。而香蕉數株則是原告99年間在699-10地号上補育堤防缺口後，由陳茂盛等從番子寮溪溪底，架簡易木梯爬過3公尺高之堤防進入所種植，由於缺乏照料及水位逐漸上升，也全然枯死。尤其是有〝綠癌〞之稱的小花蔓澤蘭，因具有優勢之多性繁殖能力，快速且大量生長的狀況下，常導致其他植物遭受覆蓋吸收不到充足的陽光而死亡，此時毗鄰上開國有

地之原告夫妻果園即成為最大受害者，如果不予全面性的清除，煩不勝煩，永無寧日。原告遭檢察官逕行起訴竊佔罪後，該國有地即保留原貌，完全未予更動，因而其上之小花蔓澤蘭及其他雜木雜草之生長狀況又與原告104年12月間僱工清除前一模一樣。因此即使陳茂盛等係合法承租該國有地，其承租顯係違反公共利益及以損害他人為主要目的，租賃國有地之契約亦屬無效。被告三人對此辯解却完全不予置理，渠等欲入人於罪，昭然若揭。

七、按刑法第320條第2項之竊佔罪，其主觀上有竊佔他人不動產之故意，意即行為人須有排除他人對不動產持有之認識與意欲而實施其行為，且須具備所謂不法利益之意圖，再者客觀上須有竊佔之行為，即排除他人對不動產之持有而為自己或第三人取得該不動產之持有行為。台南高分院97年度上易字第244号判決可資參照。原告於99年間補育堤防缺口並完成護岸工程前，對上

關國有地上原有之綠竹筍並未有任何更動行為，反而陳茂盛等二人於護岸工程完工後，如被告三人所為判決認定：「….為宣示其等有合法租賃關係存在，乃從筁子寮溪架梯攀爬方式進入上開土地種植香蕉數株。」原告對渠等種植香蕉之舉並未有任何阻撓或破壞之行為，為陳茂盛等所不否認，且陳茂盛等猶自103年9月1日起以「現使用人」之身分承租該國有地，並繳清前五年使用國有地之租金，足見自99年間原告為補育堤防工程後，迄104年12月間原告清除小花蔓澤蘭等之前，上開國有地均係陳茂盛等主張占有使用（事實上根本未使用，而係象徵性的占有），而原告清除小花蔓澤蘭等後，也未曾有任何種植作物等耕作使用之行為，可見原告自始至終均未排除陳茂盛等所稱之占有，自不構成任何竊佔罪責。

八、被告等所為判決稱：原告自費3,40萬元補育堤防高度、施作護岸，在其上栽種喬木、灌木、地披草及挖掘滯洪池後，所謂水土

保持之目的已然達成，若非為「双流休閒民宿」之整体視覺景观，豈有必要定期整理、悉心維護，而令系爭土地呈荒雜亂情形。且「滯洪池」並非全然坐落在699-9地号上，部分位於原告之妻所有699地號上，益見原告施作敷茨（判決誤為挖掘滯洪池）時，所考慮者為民宿整体景観之一致性，原告係為個人之私益云云。惟查水土保持工程施作後，依法應定期維護，如除虫、修剪、灑水等，以保持自然生態景観，此觀水土保持法及水土保持技術規範自明，關於此点原告已於答辯狀内詳予說明，被告視而不見，且刑法竊佔罪所稱「不法之利益」係指財產上之利益而言，被告為國有地之景观生態維護，係依法律之正當行為，且俾益於國計民生，自無所謂不法可言，該判決違法將此种精神上之合法利益无限上綱為財產上之不法利益，其荒謬之程度可謂舉世罕見。又該判決另稱：告訴人所經營民宿之網頁，宣稱「園區佔地約2300

255

餘坪」等語，而實際原告之妻所有土地總計面積僅2061餘坪，足見原告將系爭國有地併計入民宿整体以內，而有為個人之私益之之。惟原告經營「双流休閒民宿」之網頁，所以記載園區佔地約2300坪，係包括所有權登記之面積及前手實際占有使用之範圍，此項資訊係於買受時由土地仲介人員所告知，非原告憑空憶測，且此單純網頁上之文字鈙述，被告所作判決竟認定為竊佔罪之證據，豈係文字獄所可形容？至於溝渠池有部分係位於原告妻所有699地号上，反可證明原告願意將所有私人土地作公益使用，毫無任何私心可言。

九、綜上所述，原告並無任何竊佔之犯意及行為，被告等竟扭曲事實，顛倒黑白，作完全不利於原告之認定，裁判內容認事用法不合情理至令人匪夷所思之程度，渠等有枉等裁判之意圖及行為至為明確。雖原告於106年11月14日檢具事證依法向台中地檢署為告訴，該署卻於107年3月28日以乙

011029　　　　第十三頁

70201-27

紙書函通知結案，官官相護，該署承辦檢察官涉有刑法第125條第1項之明知為有罪之人而不使其受追訴罪。此部分原告已檢具事證向監察院陳情，目前正由該院約詢調查中。

十、按原告於99年間在自己所有農地入口設置電動柵欄管制人車出入，以維住宅安全，被告等明知陳茂盛等承租之國有地係袋地，沒有通行之道路可以到達使用耕作，並非「現使用人」，該103年9月簽訂之國有地租賃契約明顯係陳茂盛等勾結國有財產署承辦人員，以向原告訛詐50萬元之用，竟以原告設置柵欄妨害陳茂盛等承租之權利為由，將原告以竊佔罪判處有期徒刑四月，嚴重損害原告之名譽，爰依法提起本訴，求為判決如首開聲明所示。

十一、聲請調查之證據：

(一) 請求向國有財產署南投分署調取本件「國有耕地放租租賃契約書」，證明該租約未依照規定違法簽訂。

（二）請求 鈞院履勘現場，以證明陳
茂盛等承租之國有地為袋地，乡涉耕
作使用。

（三）請求函農委會，查明小花蔓澤蘭是
否為有害生態之"綠癌"，該會是否曾
訂頒獎勵辦法鼓勵農民去除。

此致

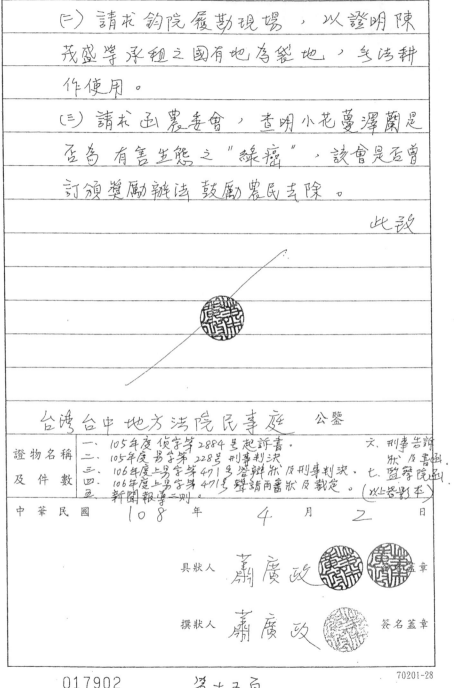

台灣台中地方法院民事庭　　公鑒

證物名稱	一、105年度偵字等2884号起訴書。	六、刑事告訴
及件數	二、105年度易字第228号刑事判決	狀及書函.
	三、106年度上易字等471号答辯狀及刑事判決.	七、監察院函.
	四、106年度上易字等471号聲請再審狀及裁定。	（以上皆影本）
	五、新聞報導二則。	

中華民國 108 年 4 月 2 日

具狀人　蕭廣政　　　簽名蓋章

撰狀人　蕭廣政　　　簽名蓋章

惟筆者於108年4月底接獲南投地方法院之民事判決，案號為108年度訴字第117號，承審法官為鄭順福，主文為「原告之訴駁回，訴訟費用由原告負擔。」其理由係「被告就系爭刑案所作成之審理結果，縱與原告或上級審之認定有所不同，仍屬依法執行職務之範疇，且本件並無被告參與審判系爭刑案，而因執行職務犯職務上之罪並受有罪判決確定之事實」，因而依刑事訴訟法第249條第1項規定，不經言詞辯論駁回之。茲將裁判書全文登載如下。（請見附件30）

01
臺灣南投地方法院民事判決

02 　　　　　　　　　　　　　　108年度訴字第117號
03 原　　　告　蕭廣政　　住南投縣名間鄉仁和村山腳巷23之7號
04 被　　　告　陳鈴香　　住臺中市西區自由路1段91號
05 上列當事人間損害賠償事件，本院判決如下：
06 　　主　文
07 原告之訴駁回。
08 訴訟費用由原告負擔。
09 　　事實及理由
10 一、原告起訴訴之聲明及事實理由詳如附件即請求公務員侵權行
11 　　為損害賠償起訴狀所載。
12 二、按原告之訴，依其所訴之事實，在法律上顯無理由者，法院
13 　　得不經言詞辯論，逕以判決駁回之，民事訴訟法第249 條第
14 　　2 項定有明文。所謂原告之訴，依其所訴之事實，在法律上
15 　　顯無理由者，係指依原告於訴狀內記載之事實觀之，在法律
16 　　上顯然不能獲得勝訴之判決者而言（最高法院62年台上字第
17 　　845 號判例參照）。
18 三、次按公務員因故意違背對於第三人應執行之職務，致第三人
19 　　受損害者，負賠償責任。其因過失者，以被害人不能依他項
20 　　方法受賠償時為限，負其責任。民法第186 條第1 項定有明
21 　　文。因此，於公務員係因過失之情形，被害人僅得依國家賠
22 　　償法之規定，以公務員因過失違背對於第三人應執行之職務
23 　　，致其權利受損害，而請求國家賠償。復按有審判或追訴職
24 　　務之公務員，因執行職務侵害人民自由或權利，就其參與審
25 　　判或追訴案件犯職務上之罪，經判決有罪確定者，適用本法
26 　　規定。亦為國家賠償法第13條所明定。再者，國家賠償法第
27 　　13條所稱「有審判或追訴職務之公務員」，其「審判」應係
28 　　審理判決之意，故有審判職務之公務員，應指從事審理判決
29 　　之民事審判或刑事審判業務之法官而言（司法院81年2 月27
30 　　日81廳民一字第02696 號函意旨參照），「有審判或追訴職
31 　　務之公務員」者，係指從事「審判或追訴職務」之法官或檢
32 　　察官而言。另參諸司法院大法官釋字第228 號解釋理由書所

揭示：「依現行訴訟制度，有審判或追訴職務之公務員，其執行職務，基於審理或偵查所得之證據及其他資料，為事實及法律上之判斷，係依其心證及自己確信之見解為之，各級有審判或追訴職務之公務員，就同一案件所形成之心證或見解，難免彼此有所不同，倘有心證或見解上之差誤，訴訟制度本身已有糾正機能，關於刑事案件，復有冤獄賠償制度，予以賠償，為維護審判獨立及追訴不受外界干擾，以實現公平正義，上述難於避免之差誤，在合理範圍內，應予容忍，不宜任由當事人逕行指為不法侵害人民之自由或權利，而請求國家賠償，唯其如此，執行審判或追訴職務之公務員方能無須瞻顧，保持超然立場，使審判及追訴之結果，臻於客觀公正，人民之合法權益，亦賴以確保；至若執行此等職務之公務員，因參與審判或追訴案件犯職務上之罪，經判決有罪確定時，則其不法侵害人民自由或權利之事實，已甚明確，非僅心證或見解上之差誤而已，於此情形，國家自當予以賠償」之意旨，若對於有審判或追訴職務之公務員，主張因其執行職務故意侵害人民自由或權利，依民法第186條規定請求該公務員個人賠償損害時，亦應就關於公務員個人之損害賠償責任與國家賠償責任立於同一標準，即在該公務員就參與審判或追訴案件犯職務上之罪，並經判決有罪確定之情形下，公務員始負損害賠償責任。

四、本件依附件所載原告主張之事實略以：被告前為本院刑事庭法官，被告於審理原告是否有竊佔之刑事案件即本院105年度易字第228號刑事案件（下稱系爭刑案）之過程中有扭曲事實、顛倒黑白等情，且原告並無竊佔之犯意及行為，被告顯有枉法裁判之行為，故被告應對原告負損害賠償責任等等。經查：被告曾為本院刑事庭法官，係從事刑事審判業務之法官，核屬職司審判事務之公務員；又系爭刑案之主文：蕭廣政（即原告）意圖為自己及第三人不法之利益，而竊佔他人之不動產，處有刑期徒刑10月；嗣經臺灣高等法院臺中分院106年度上易字第471號判決，其主文：原判決撤銷；（

即原告）意圖為自己及第三人不法之利益，而竊佔他人之不動產，處有刑期徒刑4月，如易科罰金，以新臺幣1,000元折算1日，有上開刑事判決在卷可參。足見被告既為職司系爭刑案審判事務之公務員，則被告就系爭刑案所作成之審理結果，縱與原告或上級審之認知有所不同，仍屬依法執行職務之範疇，且本件並無被告參與審判系爭刑案，而因執行職務犯職務上之罪並受有罪判決確定之事實，則依前揭規定及說明，自無由成立公務員個人之損害賠償責任與國家賠償責任。

五、綜上所述，依原告於訴狀內記載之事實，在法律上顯然不能獲得勝訴之判決，故在法律上顯無理由，爰不經言詞辯論，逕以判決駁回之。

六、依民事訴訟法第249條第2項，判決如主文。

中　華　民　國　108　年　　　　　　　　日
　　　　　　　民事第三庭　　　官　鄭順福

以上正本係照原本作成。

如對本判決上訴，須於判決送達後20日內向本院提出上訴狀。如委任律師提起上訴者，應一併繳納上訴審裁判費。

中　華　民　國　108　年　4　月　25　日
　　　　　　書記官　黃豔秋

按「刑事判決所為事實之認定，於獨立民事訴訟之裁判時本不受其拘束」，最高法院50年台上字第872號民事判例早著有明文，其他相關之判例不知凡幾，如最高法院48年台上字第713號，41年台上字第1307號，29年渝上字第1640號等均是，信手拈來，比比皆是，這不過是無論從事民事或刑事審判工作者應有的基本常識與認知，一個職司維護公平正義，號稱是社會正義的最後一道防線的法官，竟然可以卑鄙、下流、無恥、齷齪到如此地步，真是駭人聽聞，匪夷所思！他們所以膽敢站在人民的對立面，肆無忌憚，無法無天，除具備一顆恥度無極限的羞恥心外，最重要的是他們的所作所為「有關係就沒有關係」，違法濫權也有大學學長學弟的關係，司法官訓練所或法學院同學的關係，或各檢察署、法院的同僚關係，彼此相互支援掩護。更重要的是負有行政監督職責的法務部、司法院各級長官，為了維護所屬利益，或不願家醜外揚，以保自己的官位，也沆瀣一氣，擔負起戕害人權之幫兇。至於唯一外部能監督制衡的監察院，自廢武功，自我閹割其來已久，已成全民共識，除了偶爾修理一下落水狗，以避免遭譏為尸位素餐外，毫不起作用。難怪遭本人評價為畜牲之法官姚勳昌，不願唾面自乾，也能發揮其邪惡的人際關係，指揮南投地檢署違法將筆者以妨害名譽罪起訴，此部分已詳如前述，益證在司法圈內有關係就沒關係，沒關係就有關係。筆者為維護權益，乃於108年5月20日對該108年度訴字第117號判決提起上訴（詳如下之附件31）。

民事上訴及上訴理由		狀
案　　號	108年度 訴 字第 117號	承辦股別 順
訴訟標的的金額或價額	新台幣 叁佰萬 ────────	元
稱　　謂	姓名或名稱	依序填寫；國民身分證號碼或營利事業統一編號、性別、出生年月日、職業、住居所、就業處所、公務所、事務所或營業所、郵遞區號、電話、傳真、電子郵件位址、指定送達代收人及其送達處所。

上訴人
即原告　蕭廣政（年籍在卷）

被上訴人
即被告　陳鈴香　住台中市西區自由路1段91号

　　　　　上訴聲明

一、原判決暨訴訟費用之裁判均廢棄。

二、被上訴人應給付上訴人新台幣叁佰萬元，及自起
　　訴狀送達之翌日起至清償日止，按年利率百分之
　　五計算之利息。

三、被上訴人應於國內四大主要報紙自由時報、蘋
　　果日報、聯合報及中國時報之醒目顯著版面連
　　續三日刊登道歉啟事。

四、訴訟費用由被上訴人負擔。

　　　　　上訴理由

70201-26

006911

263

一、 為　鈞院108年度訴字第117号民事判決

　　原告即上訴人請求公務員侵權行為損害賠

　　償乙案，原告即上訴人（以下稱上訴人）

　　於108年5月3日收受判決，爰於法定

　　期限內提起上訴，上訴費用請　鈞院裁

　　定後繳納，核先敘明。

二、 依最高法院50年台上字第872号民事判例：

　　「刑事判決所為事實之認定，於獨立民事

　　訴訟之裁判時本不受其拘束，上訴人所提

　　之附帶民事訴訟，既因裁定而為獨立之民事

　　訴訟，則原審依自由心證為與刑事判決相

　　異之認定，即与違法可言。」又「刑事訴

　　訟法第504條所謂，應以刑事判決所認定之

　　事實為據者，係指附帶民事訴訟之判決而言

　　，如果附帶民事訴訟經移送於民事庭後，即

　　為獨立民事訴訟，其裁判不受刑事判決認定

　　事實之拘束。」最高法院48年台上字等713

多民事判例亦闡述甚明。足見獨立民事訴訟之裁判，不受刑事判決認定事實之拘束。亦即民事法院為判決時，依民事訴訟法第222條第1項，應斟酌全辯論意旨及調查證據之結果，依自由心證判斷事實之真偽。所以言詞辯論應使當事人於其訴之聲明範圍內為完足之陳述，並盡其攻防之能事，法院始得據以形成心證而為判決。因此，最高法院41年台上字第1307号民事判例明言：「檢察官不起訴處分，無拘束民事訴訟之效力，又刑事判決所為事實之認定，於獨立民事訴訟之裁判時，本不受其拘束，原審斟酌全辯論意旨及調查證據之結果，依自由心證，為與刑事判決相異之認定，不得謂為違法。」最高法院29年渝上字第1640号民事判例亦謂：「刑事判決所為事實之認定，於為獨立民事訴訟之裁判時本不受其拘束，原

審酌形全辯論意旨及調查證據之結果，依自由心證為與刑事判決相異之認定，不得謂為違法。」

三、查陳茂盛等承租之國有地 699-9 地號土地係屬袋地，位於上訴人之妻於 96 年 9 月購買之農地深處（地號為 699-3、699、699-5、699-4），因陳茂盛等向上訴人索取使用該國有地之權利金 50 萬元未果，竟勾結國有財產署承辦人員，明知渠等多耕作使用之事實，且屬袋地，　上訴人之妻於 96 年 9 月購入毗鄰之 699、699-4 等地號土地後，更無通行之道路以至該國有地，竟以「現使用人」身分違法承租，　租期自 103 年 9 月 1 日起至 112 年 12 月 31 日止，並繳清租期開始前五年之使用補償金。陳茂盛等索討使用權利金 50 萬元不遂，向上訴人請求確認通行權之調解而失敗，竟以上訴人於 99 年在自有農路

出入口設置電動柵門妨害榮等承租之權利為由，告訴上訴人竊佔其所承租之上開國有地，棄經檢察官違法起訴後，被上訴人陳鈴香明知該承租國有地之契約為偽造文書，不但不依刑事訴訟法為告發之規定為告發，反而認定上訴人成立竊佔罪，並判處有期徒刑十月，嚴重侵害上訴人之名譽，上訴人為此對被上訴人提起公務員侵權行為損害賠償之訴，並詳細說明起訴之事實及理由。詎原審判決竟對上開起訴之事實全未調查審認，亦未說明所羅列構成侵權行為之理由如何不可採，而逕以上訴人之訴在法律上顯無理由，予以駁回。

四、據上所述，原審判決顯然違法，請求鈞院將原判決暨訴訟費用之裁判均廢棄，改判如上訴聲明所示。

五、被上訴人違法失職部分，上訴人已分別陳

情監察院調查及向財團法人民間司法改革
基金會申訴請求監督評鑑，併此敘明。
此致

台灣高等法院台中分院民事庭 公鑒

證物名稱及件數	

中華民國 108 年 5 月 20 日

具狀人 蕭廣政 [印] 簽名蓋章

撰狀人 蕭廣政 [印] 簽名蓋章

017903

70201-28

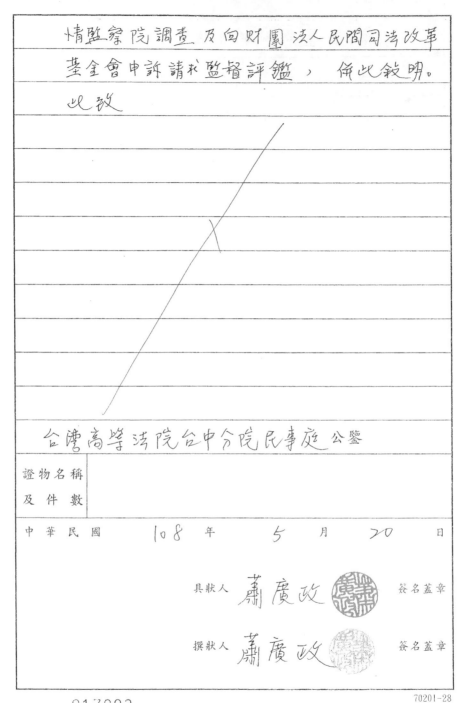

落筆至此，又接獲台中地方法院108年度訴字第1060號民事判決，該案件係筆者對姚勳昌、許冰芬、王邁揚三人提起公務員枉法裁判之侵權行為損害賠償事件，不出筆者所料，其結果一樣為「原告之訴駁回，訴訟費用由原告負擔。」其駁回之理由幾乎與南投地方法院鄭順福之用語雷同，而齷齪、卑鄙、下流、無恥的程度，兩者則無分軒輊。茲循例將該判決書登載於下，供全民檢驗。（如附件32）

01　　　　　　　臺灣臺中地方法院民事判決

02　　　　　　　　　　　　　　　　108年度訴字第1060號
03　原　　　告　蕭廣政　　住南投縣名間鄉山腳巷23之7號
04　被　　　告　姚勳昌　　住臺中市南區五權南路99號
05　被　　　告　許冰芬　　住同上
06　被　　　告　王邁揚　　住同上
07　上列當事人間公務員侵權行為損害賠償事件，本院判決如下：
08　　主　　文
09　原告之訴駁回。
10　訴訟費用由原告負擔。
11　　事實及理由
12　一、原告起訴意旨略以：如附件所載。
13　二、按原告之訴，依其所訴之事實，在法律上顯無理由者，法院
14　　　得不經言詞辯論，逕以判決駁回之，民事訴訟法第249條第2
15　　　項定有明文。又按民事訴訟法第249條第2項所謂原告之訴，
16　　　依其所訴之事實，在法律上顯無理由者，係指依原告於訴狀
17　　　內記載之事實觀之，在法律上顯然不能獲得勝訴之判決者而
18　　　言(最高法院62年台上字第845號判例意旨參照)。本件原告
19　　　固依民法第186條第1項公務員故意侵權行為之法律關係請求
20　　　被告損害賠償。惟查：
21　(一)按「公務員因故意違背對於第三人應執行之職務，致第三人
22　　　受損害者，負賠償責任。其因過失者，以被害人不能依他項
23　　　方法受賠償時為限，負其責任。前項情形，如被害人得依法
24　　　律上之救濟方法，除去其損害，而因故意或過失不為之者，
25　　　公務員不負賠償責任。」民法第186條定有明文。準此，公
26　　　務員因故意違背對於第三人應執行之職務，致第三人之權利
27　　　或利益受損害者，被害人得向公務員或國家請求賠償。若公
28　　　務員之違背職務係出於過失者，則被害人只得依國家賠償法
29　　　之規定，向國家請求賠償損害。故在國家賠償法實施後，公
30　　　務員因一般過失而違背職務，侵害人民權利者，即毋庸依民
31　　　法第186條規定負損害賠償責任，而被害人對因此所受損害
32　　　可逕依國家賠償法請求由國家負賠償之責，國家賠償法於公

務員執行公權力職務有不法侵害人民權利之情事時，相較民法上開規定，自有特別法與普通法之關係，應優先適用具特別法性質之國家賠償法甚明。復按國家賠償法第2條第2項前段：「公務員於執行職務行使公權力時，因故意或過失不法侵害人民自由或權利者，國家應負損害賠償責任。」，係國家就公務員之侵權行為應負損害賠償責任之一般規定。而同法第13條：「有審判或追訴職務之公務員，因執行職務侵害人民自由或權利，就其參與審判或追訴案件犯職務上之罪，經判決有罪確定者，適用本法規定。」則係國家就有審判或追訴職務之公務員之侵權行為應負損害賠償責任之特別規定。依現行訴訟制度，有審判或追訴職務之公務員，其執行職務，基於審理或偵查所得之證據及其他資料，為事實及法律上之判斷，係依其心證及自己確信之見解為之。各級有審判或追訴職務之公務員，就同一案件所形成之心證或見解，難免彼此有所不同，倘有心證或見解上之差誤，訴訟制度本身已有糾正機能。關於刑事案件，復有冤獄賠償制度，予以賠償。為維護審判獨立及追訴不受外界干擾，以實現公平正義，上述難於避免之差誤，在合理範圍內，應予容忍，不宜任由當事人逕行指為不法侵害人民之自由或權利，而請求國家賠償。唯其如此，執行審判或追訴職務之公務員方能無須瞻顧，保持超然立場，使審判及追訴之結果，臻於客觀公正，人民之合法權益，亦賴以確保。至若執行此等職務之公務員，因參與審判或追訴案件犯職務上之罪，經判決有罪確定時，則其不法侵害人民自由或權利之事實，已甚明確，非僅心證或見解上之差誤而已，於此情形，國家始應予以賠償。若對於有審判或追訴職務之公務員，主張因其執行職務故意侵害人民自由或權利，而依民法侵權行為法則請求該公務員個人賠償損害時，自應與國家賠償責任立於同一標準，即在該公務員就參與審判或追訴案件犯職務上之罪，並有經判決有罪確定之情形下，公務員始負損害賠償責任，如此方足以達前述國家賠償法第13條特別規定所欲維護之審判獨立不受外

01　　　界干擾之目的。
02　(二)原告起訴固主張，被告3人審理臺灣高等法院臺中分院106年
03　　　度上易字第471號案件，具有枉法裁判情事，共同不法侵害
04　　　原告之名譽。是上開被告3人已對原告構成民法第186條之侵
05　　　權行為，請求前揭被告3人應連帶給付原告新臺幣600萬元、
06　　　並應共同於國內四大主要報紙自由時報、蘋果日報、聯合報
07　　　及中國時報之醒目顯著版面連續3日刊登道歉啟事。然被告3
08　　　人處理、承辦上開案件時，其等於該案所為之處分，核屬有
09　　　審判或追訴職務之公務員執行職務之行為。揆諸上開說明，
10　　　有審判或追訴職務之公務員，因執行職務侵害人民自由或權
11　　　利，須就其參與審判或追訴案件犯職務上之罪，經判決有罪
12　　　確定者，方成立公務員個人之損害賠償責任與國家賠償責任
13　　　。而依原告所主張之事實，被告3人既未有因前開行為犯職
14　　　務上之罪，經判決有罪確定之情形，理當均無由成立公務員
15　　　個人之損害賠償責任與國家賠償責任。此外，原告復無提出
16　　　其他事證證明其所述屬實，及前開被告3人有何需負連帶負
17　　　損害賠償責任之行為。從而，原告依民法第186條規定，訴
18　　　請被告3人連帶負損害賠償之責，顯無理由，爰不經言詞辯
19　　　論，逕予駁回。
20　三、據上論結，本件原告之訴為無理由，依民事訴訟法第249條
21　　　第2項、第78條，判決如主文。
22　中　華　民　國　108　年　9　月　2　日
23　　　　　　　　民事第四庭　審判長法　官　張清洲
24　　　　　　　　　　　　　　　法　官　楊忠城
25　　　　　　　　　　　　　　　法　官　林婉昀
26　正本係照原本作成。
27　如對本判決上訴，須於判決送達後20日內向本院提出上訴狀（須
28　按他造人數提出繕本）。如委任律師提起上訴者，應一併繳納上
29　訴審裁判費。
30　中　華　民　國　108　年　9　月　2　日
31　　　　　　　　　　　　　　　書記官　蕭訓慧

271

按在少子化的今天，在司法界畜牲繁殖的速度倒是出乎意料驚人的快，不一會兒就滿山滿谷，在一時半刻可能也沒有屠宰場可以處理之情況下，預計還會四處橫行，傷害人類。果遭不測，套句司法院祕書長呂太郎前此就筆者之遭遇，當時他表示「十分心疼，望你多保重。」在此筆者也要忠告國人：「請自行多珍重！」

十三、
對監察院望穿秋水的滿心期待

　　總統蔡英文在2015年競選總統時，將「司法改革」列為重要政見之一，強調將積極推動司法改革，讓司法不再只是法律人的司法，而是全民的司法。監察委員最重要的職責就是守護人權，因此，總統府於106年3月1日公布第五屆監委補提名人名單時，蔡總統表示希望能夠藉由此次的補提名強化監察院「守護人權」與「監督政府」兩項功能。特別是守護人權，是新政府施政的核心價值。

　　筆者受到司法機關如此迫害，對監察院職司風憲、撥亂反正的功能，自是期待至深。

十四、
監委陳師孟對於改革司法，
維護人權義正辭嚴的言論

（一）據自由時報記者鍾麗華於2019年7月21日的報導，前總統馬英九被訴洩密案無罪確定，監委陳師孟已申請調查歷審法官有無涉辦案濫用自由心證情形。他在最新的《尖尾週記》以〈法官撿到一把槍──哇塞，總統掉的〉為題，他認為，馬英九的洩密案可以做為台灣司法的照妖鏡。他陸續要檢驗的不只是一審，還有更一審，也不只是公訴，還有立委柯建銘的自訴，這些都會顯示出這群判馬無罪的法官，以「自由心證」包裝的究竟是「司法正義」，還是「黨國遺緒」。

陳師孟說，在美國大法官心目中的「司法獨立的極致」，指的是讓總統屈服在法律之前，甚至總統因此乖乖下台。台灣呢？台灣許多法官口口聲聲「維護司法獨立，不受外力干預」，聲量不比別人小，結果呢？除了把幾位依據憲法行使監察權的監察委員「妖魔化」之外，對濫用權力的總統，有什麼具體作為嗎？陳師孟認為，如果要拿一個台灣總統的案子與尼克森的水門案做比較，馬英九洩密案應該是首選，該案一週前被判無罪定讞，不但沒有讓台灣人民見識到司法是「力抗總統濫權的堡壘」，反而印證了超過半世紀前雷震在《自由中國》社論的指控：「司法成了行政的附庸，政治的工具。」陳師孟解釋，馬英九洩密案是從兩年半前北檢提起公訴開始，由於同案的被告黃世銘已經判刑確定，一般認為馬英九也是罪證確鑿，難逃有罪，但「好的開始」，不一定是「成功的一半」，半年後該案的一審就判無罪。

陳師孟表示，本來「有罪無罪」的結論本身不應該單獨成為批評的對象，應該批評，也可以批評的，乃是判決有罪或無罪的依據是否充分，論據是否合理，若是客觀證據不足或主觀理由不備，那麼這樣的判決得不到支撐，就是法官的枉法裁判或濫權追訴，即不能用法官的「自由心證」來逃避

檢驗，更不能假「審判獨立」來阻擋究責。

　　陳師孟感嘆，日前辭世的美國大法官史帝文斯，他生前毅然三次判定在位總統涉及濫用職權，無愧於大法官是「正義」（Justice）的同義字；我們這兒是一位前總統涉及濫用職權，蹦出一堆不惜曲解法律也要無罪開脫。台灣號稱正在進行司法改革，何其諷刺！

　　（二）陳師孟於2019年8月10日星期六，發表〈尖尾撿到一把槍，恐龍小心〉的文章，內文指陳師孟一位勤於著述的好友，近日閱讀雷震先生的《獄中日記》，赫然發現雷震在1964年2月17日有如下的記載：「今日最高法院被彈劾的兩推事，再度發表聲明，指陶百川、黃寶實兩位侵害審判獨立，把監委比為第四級審判，又指責陶、黃侵犯刑法140條第1項及122條第1項云云。其實審判獨立云云是在審判過程中；審判已確定，應讓大家批判其所做之判決，兩推事的聲明，措辭十分牽強。」……先把這件彈劾案的梗概，向大家說明：在1963年12月10日監察院召開第一屆第829次院會，由於右任院長主持。會議結束前有三位委員提出臨時動議：「關於台灣高等法院審理台北市長黃啟瑞夫婦貪汙瀆職一案，涉嫌枉法違法，影響社會政治風氣與觀感極大，迭經本院指摘，應請推派委員二人加以調查」，馬上決議：「推派黃寶實、陶百川二委員調查。」黃寶實何人，尖尾所知不多，只知道是北京大學法律系畢業，但陶百川則早在1950年代開始，就持續關注「黨化司法」的問題，曾經代表監察院，與行政院及司法院正式開會，最後三院決議：監察權僅在訴訟還在「審判中」，應避免對法官行使，一旦司法判決確定，違法失職的司法官當然就有監察權的適用，和一般公務員完全一樣。1960年他又在一篇〈彈劾法官的自我節制〉中指出：「假如公懲會認為法官的法律見解有誤，但這是見解問題，因而不予懲戒，我相信這是不對的。」所以這個「涉嫌枉法裁判」的案子推派他調查，的確是不二人選。……（筆者按：該案係黃市長夫婦藉市府工程與採購案收取回扣，經起訴後，一審分別判處黃啟瑞3年6月及3年徒刑，其妻1年6月與2年；但經過多次上訴，更審、駁回或發回，

最後均獲判無罪定讞。）陶百川二人的調查報告詳述承審法官的判決理由，然後予以一一反駁。……（以下文字省略）監委二人一口氣彈刻了六位最高院和高院的法官！尖尾相信這應該堪稱「前無古人，後無來者」，連尖尾都為他們捏一把冷汗。果不其然，那兩位最高法院的推事就如同今天的司法官，自以為「法院是我家開的」，怎能吞下這口氣？所以一方面向公懲會提出書面申辯，另一方面也投書報紙，指控監委無權針對「審判核心」表達異見，這樣是侵害司法的「審判獨立」。

但不同於現今的監察院，那時的監察院很有guts，馬上召開會議，討論「關於本院調查台北市長黃啟瑞瀆職案，連日各報均有言論，涉及本院院譽及職權行使問題，影響甚大，擬請院長召開全院委員談話會，交換意見。」結果沒有等院長召開會議，當場就由陶百川等17位委員即席提出一份聲明。……僅擷取精華如下：「依照中華民國憲法第97至99條之規定，監察院對所有公務人員包括司法人員，認為有失職或違法情事，得提出彈劾案。……監察院彈劾法官，……如認為其審判有觸犯刑法第124條、第125條，或其他重大違法失職行為者，自應追究其審判內容加以糾彈，但此非干涉審判，因監察院之彈劾案向在審判結束後提出，且其彈劾案之效力並不及原判決，何得有所謂『第四審』之謬論」。這些話到現在還是擲地有聲，因為那些司法官們到現在還是滿口「謬論」。尖尾生不逢時，沒能親炙陶百川的風采，但能親眼見到，親手觸摸他在本案所擬的函稿，也算是難得的幸運。想到這裡，對那些躲在「審判核心」裡，不敢面對監察權挑戰的司法官，竟然有些同情起來。

十五、
向監委陳師孟的陳情（以下抄錄陳情狀）

陳委員：您好！

　　我是蕭廣政，司法官訓練所法官班第21期結業先後在高雄地院、台中地院及台中高分院擔任法官職務。其後外派金門地院、花蓮地院擔任法官兼任院長之職務，前後各二年多。嗣有感於工作繁重，影響身體健康及家庭生活，尤其是沒有時間陪伴成長中的二個兒子，以養成他們良好的生活習慣及塑造更好的人格特質，乃於94年11月1日在花蓮地院辦理退休，時年51歲。因成長於農村，自幼幫忙耕作，喜歡單純自然的農村生活，乃於96年9月以妻林美雲名義購買南投縣名間鄉番子寮段，一塊三面為番子寮溪及其支流包圍之農地，地號為699-3、699-5、699、699-4，欲闢為農場兼營民宿。於著手開發後，有陳茂盛、陳棋賢者宣稱在二溪匯流處之水利地上的二叢竹筍、一棵龍眼樹為渠等所種植，向本人索取該水利地之使用權利金新台幣（下同）50萬元，本人不從，其後即換來無窮盡的騷擾，如著人在大門口按喇叭，侵入農地四處拍照並無端檢舉農舍及農業設施違法等。

　　陳茂盛、陳棋賢見勒索不成，明知該水利地（嗣由陳茂盛等於民國100年申請登錄為國有，並編列地號為699-9，面積為418平方公尺）渠等從未耕作，且該地為袋地，自本人配偶96年9月購入毗鄰之699-4等上開四筆農地後，根本沒有通路進入耕作，渠等向名間鄉公所聲請調解，欲確認土地通行權存在，由於本人不同意，致調解不成立。竟勾結國有財產署南投分署承辦官員，偽造文書以「現使用人」之身分承租，租期自103年9月1日起至112年12月31日止，其違反《國有非公用不動產出租管理辦法》之規定至為明確。按陳茂盛等二人係刑法第213條之公文書不實登載罪之共犯，本人配偶係被害人（形式上因此不得向國有財產署申請承租），但是渠等竟向南投地檢署告訴本人犯有刑法第320條第2項之竊占罪。檢察官黃天儀以本人在上開農用道

路之出入口設置電動鐵門一座，破壞陳茂盛等對承租國有地之支配管領權為理由，將本人以105年度偵字第2884號案提起公訴。嗣該案件由南投地院陳鈴香法官審理，於106年3月28日以竊占罪判處本人有期徒刑10月，本人依法上訴後，案件由台中高分院姚勳昌、許冰芬、王邁揚三名法官審理，案號為106年度上易字第471號，本人除撰寫5000餘字的刑事答辯狀外，並請求調查相關證據及履勘現場，惟均未獲置理，第二次開庭即辯論終結，判處本人有期徒刑四月。本人事後乃於106年11月14日繕寫長達三千餘字的書狀聲請再審，並請求停止刑罰之執行，案號為106年度聲再字第208號，承辦法官為張靜琪、高文崇、李雅俐，渠等均明知再審制度係為救濟原判決之不當或違法，使遭受冤獄之人有平反之機會，竟對本人所有提出再審之理由全未交待，逕以竊占之事證已據原確定判決予以調查審認等語，於107年1月8日裁定駁回。

本件竊占案，南投地院陳鈴香法官於審理期間欲勘驗現場，本人以同理心同意法官通行配偶所有農地至130公尺遠之國有地勘驗，但以勘驗時依刑事訴訟法沒有告訴人可以在場之規定，且陳茂盛等係偽造文書之嫌犯，非自訴人，也非告訴人，本人及住家更是屢遭渠等騷擾，內心甚為嫌惡等理由，懇請法官於勘驗時不要帶同陳茂盛等穿越本人配偶農地到現場耀武揚威。但是遭陳鈴香悍然拒絕，而於106年1月23日上午9時30分，帶同陳茂盛、陳棋賢、檢察官劉景仁，並指揮十餘名警員、鎖匠、捕犬隊及地政人員，強行打開農路入口電動柵門，以勘驗為藉口，違法強制搜索本人及配偶林美雲之住居所。核陳鈴香、劉景仁係犯刑法第306條之無故侵入住宅罪，並應依刑法第134條加重其刑至二分之一。本人及妻林美雲乃於106年7月21日提出長達一千五百餘字的告訴狀，向南投地檢署提出告訴，承辦檢察官吳宣憲收案後未經任何調查，且違法未依規定分「偵」字案號依法偵辦，竟以106年度他字第1031號案，於107年1月26日以「經查無具體犯罪事證，業已簽准結案，請查照」等寥寥數語，函覆本人及妻，不但嚴重侵害本人及妻之告訴權，且違反刑事訴訟法有關偵查結果應為起訴或不起訴之規定，其目的無非係袒護

被告劉景仁、陳鈴香，核檢察官吳宣憲所為，係犯刑法第125條第1項第3項之「明知為有罪之人而無故不使其受追訴罪。」又審理本件竊占罪之二審法官王邁揚、許冰芬、姚勳昌三人，均係犯刑法第124條之枉法裁判罪，本人於106年11月14日檢具事證及完整之論述，以長達三千餘字的告訴狀向該管台中地檢署提出告訴，該署亦未針對本人之告訴為任何之調查，或敘明告訴內容如何不可取，逕於107年3月28日人中檢宏讓106他8872字第1079005688號函乙紙書函予以簽結，承辦之「讓」股檢察官，官官相護，心中毫無公平正義之理念，與南投地檢署檢察官可謂有志一同，無分軒輊。本人乃向監察院陳訴承辦本件竊占案之司法人員違法失職，法務部乃函轉監察院之公文，要求南投地檢署查明處理。不料該署檢察長楊秀蘭於107年8月21日函覆本人，副本送監察院、法務部等單位，竟以在該函文內指「經查本署檢察官並無違法或不當之處」云云，該檢察長楊秀蘭不是尸位素餐，就是與麾下的檢察官上下交相賊，以迫害人權為能事。

本人於遭判刑確定後，向昔日台中地院同事，即現任之司法院祕書長呂太郎陳報，並檢具相關事證，請求汰除這些惡劣的不適任法官，本以為呂太郎為昔日發起「箱子還你，獨立還我」司法改革運動之靈魂人物，身處司法院祕書長要職後，更應以捍衛人權為己任，摒除私心，或依刑事訴訟法第241條：「公務員因執行職務知有犯罪嫌疑者，應為告發」之規定，函請相關機關偵辦；或依司法行政監督之立場，進行相關之調查懲處。但是呂太郎於106年11月20日僅答覆本人稱：「收到你的來信，十分心疼，望你多保重。」時至今日，均未見司法院對於如此嚴重侵害人權違法失職之犯行，有任何處置。

陳委員：司法改革固然經緯萬端，但是司法人員的人格操守才是改革的核心項目，尤其司法首長能否以身作則，清廉自持，並以實現公平正義為己任，決定司法改革之成敗。所謂「風俗之厚薄繫乎一二人心之所嚮。」「子率以正，孰敢不正。」否則上下交征利，上樑不正，下樑自然歪。本人已是

遲暮之年，受此國家暴政之摧殘、屈辱，即使含恨以終，也不過十餘載，但每慮及我們的下一代均要將他們的生命、自由、財產及名譽等交付與這些齷齪邪惡的不肖司法人員定奪，將死不瞑目。當然，如體制內一切救濟之途已窮，本人絕對會採取激烈的抗爭手段，以還自身之清白。

本次陳情文係繼上次陳情後，重新整理並補充一些相關的文件，以利鈞院瞭解案情，最後祝委員平安喜樂！

陳情人：蕭廣政108年5月17日於南投名間
住址：南投縣名間鄉仁和村山腳巷23-7號
電話：0931-065197
(049)2730170
電子信箱：t2730170@gmail.com

隨函檢附下列文件

(一)105年度偵字第2884號起訴書。

(二)105年度易字第228號判決書。

(三)106年度上易字第471號刑事答辯狀。

(四)106年度上易字第471號刑事判決書。

(五)聞紙截錄二頁。

(六)聲請再審狀。

(七)106年度聲再字第208號刑事裁定。

(八)刑事告訴狀。

(九)南投地檢署函。

(十)刑事告訴狀。

(十一)台中地檢署函。

(十二)請求公務員侵權行為損害賠償起訴狀二份。

(十三)致呂太郎函

十六、
陳師孟的私人來函照登

蕭法官：

　　前此接獲來函及案件相關文書等，經再查閱網路資訊，對台端所涉案件全貌應已瞭解清楚。

　　依照監察院之標準處理程序，任何「人民陳情案件」均先向相關機關進行函詢，以取得完整卷證研析後，再由收案委員決定是否正式立案調查，唯台端所涉案件所需相關卷證均已提供無缺，似無耗費時日進行再函詢之必要。

　　經與一位法律專業的委員商討案情，認為二審既已做出對台端頗為有利之判決，且獲緩刑，似已「壓縮」了尋求「翻案」的空間，也因此立案調查可能難有實益。唯為避免如此判斷失之過份主觀，於此特請台端以「局外人」之觀點，說明該案終局判決有何具體可見之「突破口」，或說不合常理常情之法律見解，難以自圓其說之採證偏頗等，以供本人決定後續如何進行之參考。

　　耑此，即祝
　　時祺！

陳師孟 敬上

2019.6.24

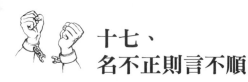

十七、
名不正則言不順

　　子路曰：「衛君待子而為政，子將奚先？」子曰：「必也正名乎！」子路曰：「有是哉，子之迂也！奚其正？」子曰：「野哉由也！君子於其所不知，蓋闕如也。名不正，則言不順；言不順，則禮樂不興；禮樂不興，則刑罰不中；刑罰不中，則民無所措手足。故君子名之必可言也，言之必可行也。君子於其言，無所苟而已矣。」

　　「名不正，言不順」原指在名分上用詞不當，言語就不能順理成章。後多指說話要與自己的地位相稱，否則道理上就講不通。查筆者原任職於台灣花蓮地方法院法官兼院長，於94年11月1日退休，退休後至97年開始籌備興建民宿前，分別在台中地院、豐原簡易庭及台中高分院擔任調解委員之工作。約一年後民宿成立，即開始了民宿清潔打掃、房務及休閒農場經營。所謂「不在其位，不謀其政」，筆者既已退休脫離司法的審判工作，陳委員理當稱呼筆者為「蕭先生」即可，如不能免俗台灣人喜歡有個頭銜的習慣，稱呼筆者為「蕭老板」，筆者也不反對。如今陳委員竟捨此二個稱謂，仍稱筆者為「蕭法官」，為名實不符，難以苟同。

十八、
大夫無私交

　　「大夫」原來是古代的官職，後來泛指大官，再後來又與「士」連結，叫「士大夫」，泛指有功名的知識分子。到了近代「士大夫」的範圍更廣，凡是知識分子，在社會上有影響力的人，都可稱為「士大士」階級。中國自古就有「大夫無私交」的說法，意指一個官職很高的人，應該大公無私，應該公私分明；為了避免瓜田李下，為了卸除人情包袱，為了全部精力投入公務，沒有時間從事私人宴遊，乾脆不跟任何人有私人來往。「大夫無私交」的真正精神並不是限制大人物不准有私下的交友活動，而是怕以私害公，以私廢公。

　　筆者係依監察法向陳委員陳情，依監察院收受人民書狀及處理辦法第七條、第六條，陳委員收受書狀後，應先交監察業務處登記、編定訴案號碼、摘錄案由，並將陳訴人、被陳訴人（機關）等基本資料鍵入電腦後依第10條規定辦理。而依第十條規定；人民書狀應由監察業務處就陳訴事由查明有無前案及第十一條、第十二條規定情事後，簽擬處理方式，依前條規定送請委員擬辦或移送委員會處理。惟筆者係於107年1月29日向陳委員陳訴，其間除於107年6月1日由監察院發文法務部並檢附陳情資料影本，要求法務部「請參處逕復並副知本院」外，迄108年6月底接獲陳委員來函時為止，監察院未有任何調查之舉，如監察業務處曾依規定簽擬處理方式，送請陳委員批辦，鑑於監察業務處也是監察院組織運作之一部分，理當有節制監察委員個人行使權力的作用，筆者身為國民且係納稅之一分子，如今因枉法裁判受害，當然有權知道其所簽擬之處理方式為何？委員如何批辦？不宜黑箱作業，隻手遮天。且筆者之陳訴案，並無該辦法第十一條、第十二條應為不受理或不予調查之處理事由，依同辦法第十三條，顯係應處理，並將結果函復陳訴人。而這些簽擬、處理及函復，均係行政作為或處分，對外自應以監察院名義為

之，斷無以私人函件函復之理，陳委員以私交方式處理公務，恐怕有以私害公，以私廢公之嫌，不合體制，萬萬不可。

十九、
局外人與突破口

「局外人」詞語解釋,有三種,第一是指與某事無關的人;第二、指不屬於一個組織、社團或沒有得到允許參加其活動的人;第三、指不被某單位、範疇或組織承認或接納者,與世隔絕或感到自己是被孤獨的人。筆者自幼長於農村,喜歡清新的大自然生活,在人際關係上,深知「拿人手短,吃人嘴軟」的道理,不喜歡做作虛假的交際應酬,平實、平淡、平凡就是筆者的座右銘。生活就好似品茶,平淡中藏著苦澀,苦澀後的回甘,平平淡淡卻給人深切實在的味道,享受平實的快樂,享受平淡中的感動,享受平凡中的偉大。

筆者初接獲陳師孟委員私人來函,要筆者以「局外人」的觀點說明案情,說實在也頗契合筆者遺世獨立於鄉間民宿,幽然見南山的處境。然細究之,筆者係以受枉法裁判之被害人身分,向監察院陳情,希望調查彈劾那些違法失職的司法人員,豈可說是「與某事無關的人」。如果解釋為「不被某單位、範疇或組織承認或接納」,筆者則心有戚戚焉。蓋監委諸公,位高權重,往來均是達官貴人,個個有頭有臉,筆者僅係一個鄉野微不足道的平民百姓,難怪前監察院長王建煊要監委諸公不要辦人民陳情的「小屁屁」案。

如今監察院師承此精神,讓筆者與監察院間存在著一堵高牆,使得此種「小屁屁」案件根本得不到監委諸公的青睞。首先,本件竊占案一審係判處有期徒刑十月,二審改判為有期徒刑四月,得易科罰金確定,有筆者隨陳情函所附的判決書在卷可稽,根本未為「緩刑」之宣告,陳委員來函所陳根本與事實不符,係無中生有。其次依陳委員在前開《尖尾週記》之論述,有罪無罪的結論本身,不該單獨成為批評的對象,應該批評,也可以批評的,乃是判決有罪或無罪的依據是否充分,證據是否合理。筆者在最初的陳情狀內,對何以構成枉法裁判,已就事實、理由及證據詳為論述,迨108年5月

17日又將對法官陳鈴香、姚勳昌、許冰芬及王邁揚等人提起公務員侵權行為損害賠償之訴之起訴狀繕本寄予陳委員，狀內列舉十點理由，詳細論述法官姚勳昌等何以構成枉法裁判罪致侵害筆者之名譽，應負侵權行為損害賠償責任。陳委員竟要筆者再度說明該案終局判決有何具體可見之「突破口」，誠令人費解。筆者猜想，該判決漏洞百出，論述無一符合常情常理之處，陳委員無法發現「具體可見之突破口」，其原罪應係筆者之陳情案只是監委諸公眼中的「小屁屁」而已。影響所及，筆者遭判刑四月，即不需要探究依據是否充分，證據是否合理，所謂「二審既已做出對台端頗為有利之判決，……似已『壓縮』了尋求『翻案』的空間」云云，莫非陳委員要筆者不要不識大體，能諭知徒刑四月得易科罰金，免除牢獄之災，對於毫無政商關係、無依無靠之升斗小民而言，已是皇恩浩蕩，僥倖萬分！豈可再有任何抱怨或不滿！

　　行文至此，筆者對姚勳昌、許冰芬、王邁揚三人所提起公務員枉法裁判之侵權行為損害賠償事件已遭駁回（台中地方法院108年度訴字第1060號），查該事件筆者為預防法官官官相護，特於起訴狀內敘明姚勳昌等枉法裁判事件，筆者已向監委陳師孟陳情調查中，希望承審法官知所警惕。不料手持尚方寶劍的監委，理應是陽剛的魂魄還是敵不過司法的邪靈之氣，究竟司法邪靈是施展什麼法術，使得信誓旦旦矢言改革司法，維護人權的監委，雙眼遭蒙蔽，看不到那「突破口」，留給國人無限的想像空間！

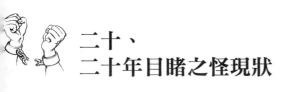

二十、
二十年目睹之怪現狀

　　清末著名的小說家吳趼人，即書中的主人公「九死一生」，在其所著《二十年目睹之怪現狀》中描述，他走遍半個中國，南至廣州、香港，北至天津、北京，東至山東，西至四川。目睹了官場的腐敗、商場的欺詐、倫常的崩潰和世風的敗壞，遇見之人皆是蛇蟲鼠蟻、豺狼虎豹和魑魅魍魎。他認為這個以封建官吏為本位的腐爛汙濁的社會，秉持良心、維護人格尊嚴的人無不感到窒息，受到損害，難以生存，而那些春風得意，如魚得水的男女，無一不是些虛偽、無恥和居心不良之徒。「九死一生」對他母親說：「這個官竟然不是人做的！頭一件先要學會了卑汙苟賤，才可以求得著差使；又要把良心擱一邊，放出那殺人不見面的手段，才弄得著錢。」「九死一生」見到和聽到的官吏，形形色色，這些官吏不論是武的還是文的，是朝庭的還是地方的，也不論品級職位大小，他們唯一在意的是攫取金錢財貨，完全不顧國家興衰和民眾的疾苦，什麼事情也做不好。他們實際上是國家的蛀蟲，民眾的仇敵。筆者沒想到在二十一世紀不斷高唱司法改革的今天，司法人員及監察委員的品性操守，卻與清末官場的腐敗程度等量齊觀，毫不遜色。尤有甚者，有的監委明明是人格分裂的跳樑小丑，卻藉著發表《尖尾週記》，並利用不知情的媒體記者，虛構自己的人格高度，捏造自己的道德光環，以謀取更大的私利。法官姚勳昌等人亦不遑多讓，明知渠等枉法裁判手段無所不用其極，為卑鄙、齷齪、無恥、下流之徒，竟於判決書內佯充聖人，指摘筆者「未能思慮『天地之間，物各有主，苟非吾之所有，雖一毫而莫取』之基本觀念，故有此犯行」云云，噁心程度，誠可謂無以復加，舉世所僅見，直可列入金氏世界紀錄！

二十一、
士大夫之無恥是為國恥

　　五代史馮道傳論曰：「『禮、義、廉、恥，國之四維；四維不張，國乃滅亡。』善乎管生之能言也！禮、義，治人之大法；廉、恥，立人之大節。蓋不廉則無所不取，不恥則無所不為。人而如此，則禍敗亂亡，亦無所不至。況為大臣而無所不取，無所不為，則天下其有不亂，國家其有不亡者乎？」然而四者之中，恥尤為要，故夫子論士曰：「行己有恥。」孟子曰：「人不可以無恥。無恥之恥，無恥矣！」又曰：「恥之於人大矣！為機變之巧者，無所用恥焉！」所以然者，人之不廉而至於悖禮犯義，其原皆生於無恥也。故士大士之無恥，是謂國恥。

　　什麼是中國的國恥？「百度」搜索結果這樣顯示：「中國目前還沒有法定的國恥日，但在非正規場合有『五九』，即為1915年5月9日，『九一八』國恥，即為9月18日；『七七』國恥，即為1937年7月7日。中國人認為，最讓中國恥辱的是『九一八』。」惟2015年7月中國重慶大學法學院院長陳忠林教授的研究結果認為：「中國的崛起是一個笑話……」他認為〈什麼才是真正的「國恥」，看完震驚〉的文章，對中國的「國恥」重新下了定義：

　　(1)20年清廉指數全球第178位。

　　(2)衛生醫療公平全球倒數第四。

　　(3)大學收費是世界最高水平的3倍以上。

　　(4)城鄉收入差距世界第一。

　　(5)稅負全球第二。

　　(6)礦產災難死亡人數占全球80％。

　　(7)行政成本最高國家……。

　　文章作者認為，以上這些才是中國真正的「國恥」。如果以「清廉」指數這一項來定「國恥」，以台灣透明組織公布的2018年全球清廉印象指數，

台灣以63分名列第31名，較2017年退步2名。台灣透明組織認為，廉政排名分數處穩定停滯期，需從多個面向持續改進。以上是科學上的統計所呈現的數據，如果以筆者親身之經歷而言，其他領域的清廉印象指數倒也符合台灣透明組織的觀察。唯獨司法部分，筆者要說：「如果中國的崛起是一個笑話，台灣的司法改革則是執政黨最大的謊言，全世界最大的笑話。」一個退休的司法工作者，有著長期的司法歷練，也有充足的法律知識，竟然在自身的司法案件中，遭受腐敗的司法機關無情蠻橫的戕害，名譽受損，財產也不保，難怪有政治圖謀者說：「兩岸一家親」、「兄弟之邦」，中國與台灣的貪腐程度真的是親近的毫無距離，這不也是台灣的國恥嗎？筆者熱愛清新的大自然，不喜交際應酬，平凡平淡，朋友之交總是淡如水，雖長期受到貪腐的司法機關摧殘欺凌，一直認為「邪不勝正」，在法制蕩然無存，所幸仍保有自由民主的台灣，可以用筆者的專業知識及良知，在憲法保障的言論、出版自由下，以春秋之筆對抗那些骯髒、邪惡、卑鄙、下流、無恥之徒。在這裡，筆者要說：「你們這些鼠輩可以摧殘、剝奪我的名譽、自由及財產，但是摧毀不了我捍衛法制的決心！君子報仇，十年不晚，邪惡總是有報應的！你們等著瞧吧！」

二十二、
夢想

　　人生如夢，築夢踏實。生命不該是拿來浪費的，生命應該是熱血激昂，應該無時無刻都散發著無比的熱情，閃爍著耀眼的光芒！成功就是實現預期的夢現。夢想的範圍相當廣泛，因人而異，你可以有個人的夢想、團體的夢想、對整個村莊或城鎮的夢想、對國家的夢想、甚至對全人類的夢想。夢想可以指引出一個方向，讓我們遭遇挫折或各種難以預期的意外時，還可以滋生不斷前進的勇氣，也不致於偏離我們內心深處堅定且真正的想望。

　　詩人李敏勇在其所著《國家之夢，文化之愛》一書（允晨文化實業股份有限公司出版）中，認為生活在台灣的人們應該有新國家的共同想像，這就是共同的國家之夢。「台灣的國家之夢要有文化之愛，以文化的優質性和經濟的福祉化和豐富，提升政治民主化。」「台灣是一個原本有原住民在田野奔跑，從唐山來台，跨越黑水溝的福台語族、福客語族共同耕耘的島嶼。西班牙人、荷蘭人區域殖民；明鄭短期王朝；清帝國治理，割讓給日本殖民50年；二戰後國民黨中國代表接收，進占統治，在民主化後台灣轉型追尋正常化的國家。原住民文化、古中國文化，轉化歐洲新文明的日本文化和近代中國文化是台灣文化的成分。台灣的新國家，應該化傷痕為勳章，是生活在這個國度人們的國家之夢，也是共同的願景。」（見該書第7頁）「在自由、民主的制度下，建構一個小而美的進步國家，就是台灣夢。」（見該書第100頁）字字句句描繪出生活在這一片土地上人們的期待與想望，其境界令人心嚮往之。

二十三、
政治家需要思想，政客只看到權力與利益

　　讀書有什麼用？這或許是二二八事件許許多多知識分子、文化人遇難受害的後遺症，成為台灣的一種社會病理。但只重經濟、輕文化卻讓台灣的發展遇到了瓶頸。國家並不只有政治問題，也不只有經濟問題。如不從文化面反思台灣，不只國家重建不易，社會改造也不可能。社會上普遍的升學主義，讓青年學子只會讀教科書、會考試，卻沒有終身學習的想法與習慣，與書無緣的結果，無法藉由書本反省自己、借鏡他人、關心社會、想像未來，就不會有進步性思考和想像力！因之，二次大戰後中國國民黨統治台灣，從228事件、白色恐怖，都是為了獨占權力，掠奪台灣。中國國民黨政治人物因而不可避免在政商勾結上留下無法擦拭的汙點。解嚴前夕才成立的民進黨，雖號稱民主進步，標榜清廉、勤政起家，在2018年地方選舉期間，也為了權力、利益，展開一幕一幕的爭鬥。不只不同派系你爭我奪，即使相同派系也窩裡反目，權力的吃相難看醜陋。即以角遂2020年大選的黨內總統提名而言，現任總統蔡英文竟然可以動用擁有的行政資源影響力，修改初選遊戲規則（依法律上的原理原則，如要修改，應由下屆選舉適用），且對一個從政者而言，「願賭服輸」只是民主素養的基本要求，賴清德自始宣示的「願賭服輸」，蔡英文卻始終說不出口，毫無民主素養及君子風度。且總統蔡英文自上任後，經濟改革，國民無感，司法改革則一事無成，均未見其有「大禹治水三過家門而不入」鞠躬盡瘁死而後已之精神，想辦法檢討改進，反而汲汲營營於行春走廟，座談梆椿，以鞏固延續自己的權位。

　　人類文明的開展在於知識分子，文化人不斷探索，追尋生命的意義，在人與社會、人與自然間開拓進步面向（《國家之夢，文化之愛》一書第37頁）。蔡英文政府如此守舊、腐化，完全沒有讓台灣人民有耳目一新的感受，改革勢將成為幻影。

二十四、
身影

　　「如果討人喜歡與受人尊敬無法兩全，我寧願受人尊敬。」前法務部長陳定南的廉能、公正與無私奉獻，是台灣人最珍貴的核心價值，也是深度文化意義的展現。

　　張忠謀，維基百科稱呼他為「台灣富有人文素養的專業科技人」。2018年6月5日他在最後一場股東會後退休。詩人李敏勇當時評論他與另一位政治人的身影時，寫道：「台積電之所以是台積電，張忠謀的身影是一種象徵。放在台灣的企業家行列裡，特別被尊敬，不是沒有原因的。」「身影，是的，就是身影。這是行止、身段、言說匯集起來的形象。要講企業家，張忠謀應該就是。」他認為台灣的企業，老闆多，企業家少。錢錢錢的揮霍，對員工、對社會不盡體貼，不盡負責任。爭「錢」奪利，所在多有，富而不貴比比皆是。政治人物，也一樣爭「權」奪力的多，對國民福祉關心的少，對國家有願景的少。在重經濟輕文化的社會，政治成為一種商業，連事業也不是，更不要說志業了。從商人到企業家，從政治人物到政治家，人格上是要經過蛻變轉化的。那是一種文化條件的洗禮和形塑，是文化意義賦予的身影，也是人格特質。又說：「看企業家和一般商人，身影是不一樣的。看政治家和一般政治人物，身影也不同。台灣的歷史還不夠長，歷史評價還未有效形成。在『錢』與『權』奔逐、追尋的人，還不能真正體會人生短暫、歷史久遠的意涵。」「再多的錢，再大的權，都不若意義的重要。意義的形式是文化的，用來檢視經濟和政治，並形成歷史評價。什麼樣的身影！什麼樣的評價！是否土生土長台灣人，並非關鍵。台灣正在重組、重構、重建。國家和社會的典範，要看身影，特別是文化身影。」（見前開《國家之夢、文化之愛》第212至214頁）

　　筆者認為值此大選時刻，有心競逐台灣國家領導人的人，於許諾給台灣

人美好未來的同時，捫心自問：「你們要留給我們以及我們的子孫什麼樣的身影？特別是文化身影？」

國家圖書館出版品預行編目資料

畜牲法官以及陳師孟的嘴臉／蕭廣政著. --初
版.--南投縣名間鄉：蕭廣政，2019.12
　　面；　公分
ISBN　978-957-43-6899-0（平裝）
1.司法制度　2.個案研究　3.文集
589.07　　　　　　　　　　　　108018417

畜牲法官以及陳師孟的嘴臉

作　　　者　蕭廣政
校　　　對　蕭廣政
出版發行　蕭廣政
　　　　　　551南投縣名間鄉仁和村山腳巷23-7號
　　　　　　電話：（049）2730-170
　　　　　　傳真：（049）2734-463
經銷代理　白象文化事業有限公司
　　　　　　412台中市大里區科技路1號8樓之2（台中軟體園區）
　　　　　　出版專線：（04）2496-5995　　傳真：（04）2496-9901
　　　　　　401台中市東區和平街228巷44號（經銷部）
　　　　　　購書專線：（04）2220-8589　　傳真：（04）2220-8505
印　　　刷　基盛印刷工場
初版一刷　2019年12月
定　　　價　300元

白象文化
www.ElephantWhite.com.tw
印書小舖 PRESSSTORE 出版經紀
出版 ‧ 經銷 ‧ 宣傳 ‧ 設計
f 自費出版的領導者
購書 白象文化生活館